Contents
目次

はじめに　6

第1章　なぜ「水濡れ」が問題なのか　……………………………………　8

　（1）すぐにカビが発生する　9
　（2）さまざまな場面で「水濡れ」が起こる　9
　（3）水濡れ資料を「ゴミ」にしない　10
　（4）塗工紙も救いたい　10
　　①　塗工紙は貼り付き固着する　10
　　②　塗工紙だけが救えない……　11
　　③　塗工紙を救うには？　12
　　④　乾かさないで，濡らしたままで　12
　　⑤　水道水で洗浄する　12

第2章　「事前対策」こそが肝心－資料防災の「予防」と「準備」
　………………………………………………………………………………　14

2.1　「事前対策」が最大かつ有効な対策　14
2.2　災害が起きないうちに……「事前対策」　15
　（1）予防　15
　　①　ハザードマップ　15
　　②　救出すべき資料の優先順位　15
　　③　保存箱に入れて，なるべく上の方に　15
　　④　老朽化した施設では……　16
　（2）準備　17

① いざというときの行動マニュアル　　17
　　② 資材の準備　17
　　　　リスクを知ろう　18
　　　　被災資料救済セット　19
　　③ 訓練　20
2.3　被災してしまったら……「対処」　20
　（1）　緊急対応　20
　　　　被災記録票　21
　（2）　復旧　22

第3章　水濡れ発生！　どう動く？ …………………………23

3.1　「水濡れ発見！」知らせる，集める　24
　（1）　知らせる　24
　（2）　集める　24
3.2　水濡れ現場の養生 – これ以上被災資料を増やさないために　24
　（1）　資材を現場に運ぶ　24
　（2）　ブルーシート　25
　（3）　安全な場所への移動　25
　（4）　原因を突きとめて対処　25
　（5）　水を取り除き，乾燥　26
　（6）　立入禁止　26
3.3　「捨てる」という選択もある　26
3.4　水濡れ資料の避難　27
　（1）　水濡れ資料を濡れたまま「ポリ袋」に入れる　27
　（2）　ポリ袋に入れた水濡れ資料を避難させる　28
3.5　選別する – 「トリアージ」　28
　（1）　最初の選別 – 塗工紙を含むか，含まないか　28
　　　　トリアージ・フロー図　29

2

  （2）　次の選別 − 48 時間以内に処理ができるか，できないか　　30
 3.6　資料の乾燥方法　　30
  （1）　自然空気乾燥法 − 1 冊ずつ手作業で行う場合　　31
   ①　準備するもの　　31
   ②　作業の前に − 留意点　　31
   ③　手順 1　全体を乾いたタオルで押さえ，水分を取る　　32
   ④　手順 2　塗工紙が含まれている場合 − 塗工紙のページの処置　　32
   ⑤　手順 3　塗工紙以外のページ，塗工紙を含まない資料の処置　　33
   ⑥　手順 4　板に挟んで重しをのせる　　34
  （2）　自然空気乾燥法 − 扇風機（サーキュレータ）を利用する場合　　35
  （3）　その他の主な乾燥方法　　37
   ①　真空凍結乾燥法　　37
   ②　スクウェルチ・ドライイング法　　37
   ③　その他の乾燥法　　38
 3.7　「時間稼ぎ」の方法　　38
  （1）　冷凍する　　38
  （2）　冷凍できないときに − 他の「時間稼ぎ」方法　　39
   ①　脱気法　　40
   ②　脱酸素法　　41
 3.8　洋装本以外の資料について　　41
  （1）　和装本（和紙）　　41
  （2）　紙資料以外の資料　　42
 3.9　再配架の前に　　42
 3.10　記録をまとめ，今後の参考にする　　42

第 4 章　大規模災害にあったら　……………………………44

 4.1　水濡れ資料はないか　　44
 4.2　「捨てる」ことから始まる？　　44

3

4.3 「予防」がいのち　45
4.4 すぐにやらねばならないこと　45
4.5 「助け」を求める　45
4.6 冷凍庫の確保　46
4.7 ふたつの事例　46
　（1）岩手県遠野市　46
　（2）茨城県常総市　47

第5章　大規模災害の被災資料を救え！－陸前高田市立図書館郷土資料 …………………………………………………49

5.1 1年後の救出　49
5.2 東京都立図書館での受け入れ　50
5.3 書籍の修復　51
　（1）確認・仕分け・撮影　51
　（2）解体　52
　（3）固着した塗工紙の解体　53
　（4）ドライクリーニング　54
　（5）消毒　54
　（6）洗浄　55
　（7）乾燥・フラットニング　55
　（8）補修　56
　（9）再製本　57
5.4 書籍以外の修復　58
　（1）写真（ポケットアルバム）　58
　（2）コピー（複製）の資料　58
5.5 返還，その後　59

第6章　困ったときの情報源・参考資料……………………………62

6.1　困ったときの情報源　　62
　（1）　被災したとき　　62
　　【さらに，資料救済について「助けを求める」とき】　　62
　（2）　紙資料が水に濡れたとき　　62
　（3）　資料にカビが発生しているとき　　64
　（4）　写真が被害にあったとき　　64
　（5）　フィルムなど視聴覚媒体（フィルム，テープ，ディスク）が被害にあったとき　　65
　（6）　デジタルデータが被害にあったとき　　65
6.2　参考資料　　65
　（1）　資料防災　　65
　（2）　資料の修復　　67
　（3）　道具・材料　　67

未来へ資料をつなぐ―あとがきにかえて　　68

はじめに

　資料保存にとって最大の敵は，戦争や紛争など人災も含めた「災害」であるかもしれません。世界的には紛争や火災による破壊があとを絶ちませんし，日本でも東日本大震災や，古くは第二次世界大戦の空襲などによる資料消失など，数多くの被災事例があります。営々と集め，保存してきた資料を一瞬にして失います。

　しかも，人命や施設が危うくなるような大災害だけでなく，日常的に発生しかねない小さな災害でも資料は被災します。そのため，資料の災害対策，資料防災についての文献は数多くあります。しかし，いざ自館で災害にあったら資料をどうするのか，そのための具体的，実効的な「マニュアル」づくりは，日本の図書館界では遅れていました。

　東京都立中央図書館では，東日本大震災の津波による，岩手県陸前高田市立図書館の被災郷土資料を修復させていただきました。その経験から，自館での資料防災に取り組み，「資料防災マニュアル」を作成，公開しました。また，その普及のために，動画を作成し公開しています[1]。本書とあわせて視聴していただければ理解が深まると思います。

　その検討過程でわかったことは，災害はいろいろあっても，資料が受けるダメージで最も頻繁に起こり，緊急性があり，厄介なのは，「水濡れ」だということです。そのため，本書では主として，その「水濡れ」への対応について，これまでの経験と得られた知見からの具体的な方法を記すこととしました。まだまだわからないこともありますし，もっとよい方法がないかを現在も探求，進化中です。

　水損資料の救済マニュアルは数多くありますが，従来の資料防災（文化財保存）は「文化財」が主な対象であるため，紙は和紙でした。しかし，図書館資料の多くを占めるのは，洋紙の近現代資料です。和紙に比べて水に弱い洋紙，特に塗工紙に着目し，「濡らしたまま」，「水道水で洗浄」など，模擬被災の実

験の中から試行錯誤を繰り返しながら得られた，今までになかった手法を記したのが本書の特徴です。

　また，近年多発している災害で，水害などで水濡れしてしまった資料はもうあきらめるしかないと思ってか，もう二度と手に入らないような資料まで，すべて片づけられ，廃棄されてしまうような事例をいくつも経験しました。しかし，たとえ水害にあったとしても，貴重な資料を救済しようと思えば救済できるのだということを，図書館員の新たな認識として共有したいとも考えました。

　もちろん，利用者，職員の安全確保が最優先であるというのは大前提です。資料救済は安全が確認されてからではあります。しかし，図書館の大切な資料を守り，救うことも図書館員としての責務ではないでしょうか。本書がその一助になるよう願っています。

2019年9月

眞野節雄

注

1)　東京都立図書館「大津波からよみがえった郷土の宝－陸前高田市立図書館郷土資料の修復」（動画約15分）
　　https://www.youtube.com/watch?v=ZPRxDGGcXu8
　　東京都立図書館「被災・水濡れ資料の救済マニュアル」（動画約17分）
　　https://www.youtube.com/watch?v=svCK-yQDyOs

第1章
なぜ「水濡れ」が問題なのか

　災害はさまざまです。自然災害でいえば，地震，津波，洪水，豪雨，落雷，噴火……，人災では，火事，戦争，紛争……など，いろいろです。私たちは人間の立場から「もし地震が起きたら」，「もし火事になったら」，「もし……」どうしよう，と災害の種別に考えてしまいます。もちろん，災害に遭遇したとき，利用者や職員の安全確保が最優先ですから，人間の立場から考えるのは当然です。しかし，資料の立場から，資料が受ける被害をみると，実は単純です。
　① 燃える
　② 水に濡れる
　③ 落下して破損する
　④ 破損したガラス類を被る
という4種類の被害にほぼ当てはまります。
　「燃える」はいわば最悪の事態です。資料が燃えてしまったら私たちにできることは原則ありません。しかし，図書館の火災はそう多くありません[1]。
　「水に濡れる」，「落下して破損する」，「破損したガラス類を被る」という被害は並列に考えるのではなく，対応の優先順位があります。最も優先すべきは，水に濡れた場合です。水濡れは資料が受ける被害の中で最も厄介で，急を要するからです。
　「落下して破損する」，「破損したガラス類を被る」は，地震による被害が多いでしょう。「破損したガラス類を被る」被害はあまり知られていませんが，照明器具の破損での被害は，東日本大震災のときにもありましたし，2016年の熊本地震のときにもありました。また，ガラス製の防煙垂壁が割れることもあります。細かいガラス片が降り注いだ資料の手当ては，ページを1枚ずつ開いて刷毛で払ったり，掃除機で吸い取ったり，手間がかかります。

第1章 なぜ「水濡れ」が問題なのか

(1) すぐにカビが発生する

　「水濡れ」以外の被害は、できれば早急に手当てをして資料が利用できるようにしてやりたいのですが、しばらく放置しておいても、積み重なった重みで破損が多少発生する可能性があるくらいで、資料に大きなダメージを与える劣化が進行することはありません。しかし、水濡れは違います。水に濡れると最悪 48 時間でカビが発生する可能性があるので早急な対応が必要です。

　カビは紙の繊維を破壊し、いわゆる「フケ」た状態にして、最終的には紙を粉々にしてしまいます。

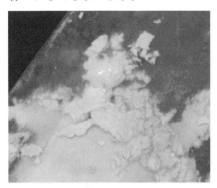

カビで粉々になった紙

　まさに時間とのたたかいです。48 時間というのは、保存環境も含めて最悪の場合ですが、通常の事務室環境の場合でも、実験を繰り返した結果でいえば、1 週間以内の対応を目指さなければなりません。ですから、従来、水に濡れてしまった資料は、廃棄するしかないと思われていたのもそのような事情があるわけです。混乱しているうちに、資料はカビだらけになって、ドロドロに腐敗してしまうわけですから。

　付記すると、このカビや腐敗の進み方は、海水と真水では違います。海水に含まれる塩分がカビの発生を抑制します[2]。これは 2004 年のスマトラ島沖地震による津波のときから指摘されていました[3]。後述する、東日本大震災の津波被害を被った資料が長い期間放置されていたにもかかわらず、再生することができたのは、水が海水だったということもあったのです。

(2) さまざまな場面で「水濡れ」が起こる

　さらに厄介なのは、この水濡れ被害は頻繁に起こることです。津波や洪水のような大災害ばかりでなく、ゲリラ豪雨や火災の消火活動、地震などによるスプリンクラーの誤作動、配水管等の破損など他の災害の二次被害もあります。

また，老朽化施設の雨漏り，利用者が雨で濡らしてしまった等々，日々発生する小さな災害によって，資料が被災することは大災害に比べてずっと多く，いつでも起こりうる被害です。ある調査[1]によると，洪水，浸水などの水害を経験した図書館は1割程度ですが，水漏れを経験したのは4割以上でした。
　火災の消火活動の事例をひとつあげておきます。
　2016年8月に長崎県諫早市立森山図書館の屋根から天井付近で，落雷が原因とみられる火災が発生しました。当初，その消火のための放水で蔵書12万余の大部分が水濡れしたとの報道がありました。実際には消防団のとっさの判断で，現場が図書館であることから，放水前にブルーシートがかき集められ，ほぼすべての書架にかけられて最悪の事態を避けることができました。ただし，放水による床上浸水のため最下段の約18,000冊は水に漬かり廃棄となりました[4]。
　また，地震に伴うスプリンクラーの誤作動による水濡れ被害は，2004年の新潟県中越地震でも[5]，2011年の東日本大震災でも[6]，また2016年の熊本地震でもありました[7]。スプリンクラーは正常に動けば消火には役立ちますが，水濡れという二次被害があるため，図書館では近年はガス式の消火設備にするところも増えているようです。しかし，複合施設などではスプリンクラーがまだ多く使われています。
　地震による配水管等の破損事例は，2016年の熊本地震だけみても建物上部にあった給水槽が破損して水が流れ込んで被災するなど，数千冊の資料が廃棄された例が2件ありました[7]。

(3)　水濡れ資料を「ゴミ」にしない
　なぜ，「水濡れ」が問題なのか，おわかりいただけたでしょうか。
　最も頻繁に起こっていながら，厄介なために「水濡れ資料＝廃棄」という状況を変えたいものです。水濡れ資料を守り，救うことも図書館員の役目です。

(4)　塗工紙も救いたい
① 塗工紙は貼り付き固着する
　資料が水濡れしたら，カビの危険性があるため，早く乾燥させなければなり

ません。文化財保存の分野での水濡れ資料を救うマニュアルは，今までも数多くありますが，そのほとんどは乾燥方法だけの解説です。それは，資料が水濡れしたら，カビの危険性があり資料が劣化するため，一刻も早く乾燥させることが重要だからです。対象としては和紙が中心ですから，それで問題がないのでしょう。

固着して板状になった紙

しかし，和紙に比べておおむね水に弱い洋紙の中でも特に塗工紙はそれだけでは救うことができません。**塗工紙とは**，紙の表面に印刷がきれいになるようにコーティングされた紙で，「コート紙」とか「アート紙」などと呼ばれている紙です。この紙は乾くときに貼り付いてしまうのです（固着）。ですから，「早く乾燥」させたつもりでも固着してしまいます。

塗工紙は近代になって使われるようになりました。それ以前の「文化財」には存在しませんから，問題にされてきませんでした。しかし，図書館資料は，圧倒的に近現代のものが多く，貴重な資料も多いのです。

② **塗工紙だけが救えない……**

苦い経験があります。東京都立図書館で2009年に漏水があって雑誌資料が88冊濡れたことがあります。そのとき，とにかく早く乾かすことばかり考えていました。冊数も多くないことから1日あれば乾燥までもっていけると判断し作業を続けていました。しかし，順番にやっていって，数時間後に処置しようとした2冊の雑誌のページが貼り付いてしまっていたのです。塗工紙でした。

もっと早く作業を進めなければ……と反省しましたが，現実的な条件の中で，どこまで早くやれるのかはわかりませんし，塗工紙はあきらめるしかない場合もあるのかと感じていました。

その後，さまざまな水濡れ被災資料，岩手県陸前高田市立図書館の津波被害

資料をみると，やはり塗工紙が固着していました。口絵のところだけ塗工紙の資料は，見事に口絵だけが固着していました。

③ 塗工紙を救うには？

しかし，これを救うことができなければ図書館における資料防災・救済はありえないと考えました。ところが，塗工紙は固着すると書かれた文献はあるものの，日本にはその解決法を示したものはありません。海外文献も見つかりませんでした。そこで模擬被災の実験を繰り返し，その解決法を見出しました。

塗工紙はその塗工層に接着剤（でんぷん糊など）を使用しており，そのため濡れると貼り付くと考えられていました。しかし，実験で，なぜか濡れたままであれば貼り付かない，乾くときに貼り付き固着するということがわかりました。塗工紙を固着させないためには，濡れた状態でページを分離して乾燥させなければなりません。カビの発生を抑えるため，できるだけ早く乾燥させる……どのマニュアルにもそう記されていますが，ページ同士が重なったまま乾いていくと固着するので，むやみに乾燥させないで，濡らしたままカビの発生を抑えつつ処置していくという対処法の発見でした[8]。

④ 乾かさないで，濡らしたままで

前述の東京都立図書館の経験で，もっと早く，早く……と反省したのは，間違った認識でした。限られた条件下で，被災の規模にもよりますが，すべての被災資料を，濡れた状態から即時に乾燥させることは現実的には難しいことです。ポリ袋に入れて乾かさないようにして1冊ずつ処置すればよかったのです。

濡らしたままで1週間以内に処置をする，それができなければ，濡れたままで，しかもカビの発生を抑える「時間稼ぎ」を行わなければなりません。これについては，第3章で解説します。

⑤ 水道水で洗浄する

もうひとつ，塗工紙の固着を抑制するのに大きな効果がある処置も発見しました。それは清浄な水で洗浄することです。模擬被災として，最初は水道水で

濡らして乾かす実験を試みたのですが，なかなか思うように固着が起こらないことが発端でした。ところが，泥水で濡らして乾かしたら，たちまち固着したのです。その原因はよくわかりませんが，汚れがあると塗工紙でなくても固着することがあります。汚れに起因する微生物が関係しているのかもしれません（ほかにも，接着剤の種類やインクの種類，汚水の化学的性質など，さまざまな要因がからみあっているかもしれません）。

　ですから，水道水で汚れを洗い流してやることは，その後の塗工紙の固着を軽減する大きな対策になります。同時に，汚れを栄養源にするカビの発生も抑制しますし，そもそも汚れたままで乾燥させた資料を，特に貴重資料の場合，そのまま保存することはできませんから，いずれは洗浄することになります。被災からなるべく早い緊急処置として，洗浄できるかどうかは，その後の資料救済にとって重要なポイントになります。

(眞野節雄)

注
1) 東京大学経済学図書館・経済学部資料室「日本の図書館における一般資料の保存に関する現状調査」集計結果の概要　http://www.lib.e.u-tokyo.ac.jp/?p=10741
2) 江前敏晴ほか「水害被災した紙文書類の生物劣化を防ぐ塩水保存法」『文化財保存修復学会第34回大会研究発表要旨集』2012　p.40-41
3) 東嶋健太，江前敏晴，五十嵐圭日子，堀千明ほか「水害被災した紙文化財の塩水を用いた緊急保存法の開発」『第78回紙パルプ研究発表会講演要旨集』紙パルプ技術協会　2011.6
4) 相良裕「森山図書館からの報告」『みんなの図書館』2018年5月号　2018.5　p.49-55
5) 水落久夫「新潟県中越地震による被災状況とその復旧作業」(第9分科会資料保存「災害と資料保存」)『平成17年度（第91回）全国図書館大会茨城大会記録』日本図書館協会　2006　p.157-158
6) 熊谷慎一郎「被災地報告－宮城県図書館から」(第11分科会資料保存「災害と資料保存」)『平成23年度（第97回）全国図書館大会多摩大会記録』日本図書館協会　2012　p.102-103
7) 日本図書館協会　図書館災害対策委員会「熊本地震による図書館被害調査報告」
http://www.jla.or.jp/committees///tabid/610/Default.aspx#1st
8) 眞野節雄，佐々木紫乃「水濡れした塗工紙にどう対処するか－塗工紙の固着に関する考察と現場での具体的な対応」文化財保存修復学会第35回大会　研究発表ポスター　2013
https://www.library.metro.tokyo.jp/guide/uploads/posuta.pdf

(URL参照日は2019年9月1日)

第2章
「事前対策」こそが肝心－資料防災の「予防」と「準備」

地震による被害

水害に伴う浸水被害

　地震，水害……いま日本では，いつ，どこで起こってもおかしくない状況です。こんな災害に襲われたとき，あなたの図書館がどうなるか，そして，資料はどうなるか想像してみてください。
　まず，少しでも資料被災の減災を図るために，私たちが行うべき資料の防災対策全体についてみてみましょう。

2.1 「事前対策」が最大かつ有効な対策

　災害対策は，「予防」，「準備」，「緊急対応」，「復旧」の4つの段階があります。しかし，災害に遭遇してからできることは限られているといってよいでしょう。ふだん私たちにできることは，被害を最小限にするための「予防」と「準備」，つまりは事前対策です。「事前対策」こそが，最大の「防御」です。

2.2 災害が起きないうちに……「事前対策」

(1) 予防
1の予防は10の治療に勝る！
　災害の可能性，危険箇所などを洗い出し，対策を講じ，改善に努め，被害を受けにくい環境づくりをすすめます。防災設備などの日常的な点検・管理も大切です。

① **ハザードマップ**
　自治体や国土交通省で出している「ハザードマップ」は確認しておきましょう。水害が起こる可能性のある立地の場合は，特に「予防」を怠りなく行い，気象警報などに注意して備えましょう。「空振り」を恐れてはいけません。

② **救出すべき資料の優先順位**
　大災害のときには，蔵書をすべて救出することは現実的にできませんし，またやる必要もありません。蔵書を評価し，救出すべき資料の優先順位を定めておきます。特色のあるコレクションや郷土資料などはわかりやすいのですが，その中でも再入手不可能で，他の図書館にもないような資料はどれか……というところまで調査できればなおよいでしょう。いうまでもなく，価格の高低や見かけではありません。この作業は自館の蔵書を見つめ直すことにもなります。

貴重資料は保存箱に入れて書架の上へ

③ **保存箱に入れて，なるべく上の方に**
　それによって，資料の保管場所を変えることもあるでしょう。特に，水害が起こる可能性のある立地の場合は，貴重な資料は，地下や1階に

置かず，なるべく上の階に置いた方がよいでしょう。それができない場合は，書架のなるべく上の方に置きます。地震による落下（破損）を避けるためには，逆に，なるべく下の方がよいのですが，第1章で述べたように，資料が受ける被害のうち，最もダメージが大きく，厄介なのは水濡れですから，それへの対策を優先させます。保存箱に入れておくと，さらに減災効果は高まります。

　水害の多くは床をなめるような浸水ですから，「床置き」は厳禁です。

　そのことについて，いくつかの教訓をあげてみます。

　「平成30年7月豪雨」（西日本豪雨）の際，岡山県倉敷市真備地区では建物の1階が水没して多くの被害が出ました。倉敷市真備支所には29万点の古文書が保管されており，やはり1階は水没しましたが，古文書は2，3階にあったため無事でした。愛媛県大洲市立図書館は床上10cmの浸水に見舞われましたが，浸水するかもしれないという情報を得て，職員が早朝から来て書架の一番下の段の図書を上げておいたため難を逃れました。ちなみに，大洲市立図書館では日頃から防災について意識を高める研修を行っていたそうです。愛媛県宇和島市立簡野道明記念吉田町図書館も貴重資料，郷土資料は3階に置いてあったため無事でした。

　また，東日本大震災の津波で被災した岩手県大槌町立図書館が2018年6月に再開館しましたが，場所は複合施設の3階です。職員の希望で，あえて3階にしたそうです。

④　老朽化した施設では……

　雨漏りが起きても，費用の面でなかなか抜本的な対策がとれなかったり，そもそも原因を特定できない場合もあります。そうなると，雨漏りはたびたび発生します。

　そのような場合，例えば，これまでに雨漏りで漏水した箇所を建物平面図に記した「漏水マップ」を作成して職員で共有し，大雨のときにまずその場所に異常がないか確認します。また，夜間や休館日に大雨の恐れがある場合は，危険な場所にブルーシートをかけるなどの養生をしておきます。些細なことですが，安心と減災につながります。

第 2 章 「事前対策」こそが肝心 — 資料防災の「予防」と「準備」

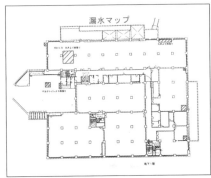
漏水マップ

危険な場所をブルーシートで養生

次ページに，日本図書館協会資料保存委員会が作成した「資料保存パネル・災害編」[1]のうちの「予防：リスクを知ろう」（図2-1）を紹介しておきます。

(2) 準備

万一のとき，誰が何をするか，決まっていますか？

① いざというときの行動マニュアル

緊急時に備えて，行動マニュアルを作成しておきましょう。いざというときのための態勢を決め，マニュアルを作成します。例えば，東京都立図書館の「資料防災マニュアル」[2]が参考になります。

通報・連絡網を準備し，緊急対応にあたるメンバー表や緊急連絡先など確認しておきましょう。館外の専門家や協力者の連絡先も確認しておきましょう。

② 資材の準備

必要な資材（懐中電灯・扇風機・ブルーシート・軍手・ビニール手袋・ポリ袋・タオル・吸い取り紙など）[3]を備えておきましょう。一例として，東京都立図書館の「被災資料救済セット」[2]を参考に紹介します（p.19）。もちろん，これをそのまま最初から全部揃える必要はありません。緊急度の高いものから，必要に応じて備えておきましょう（p.24）。

17

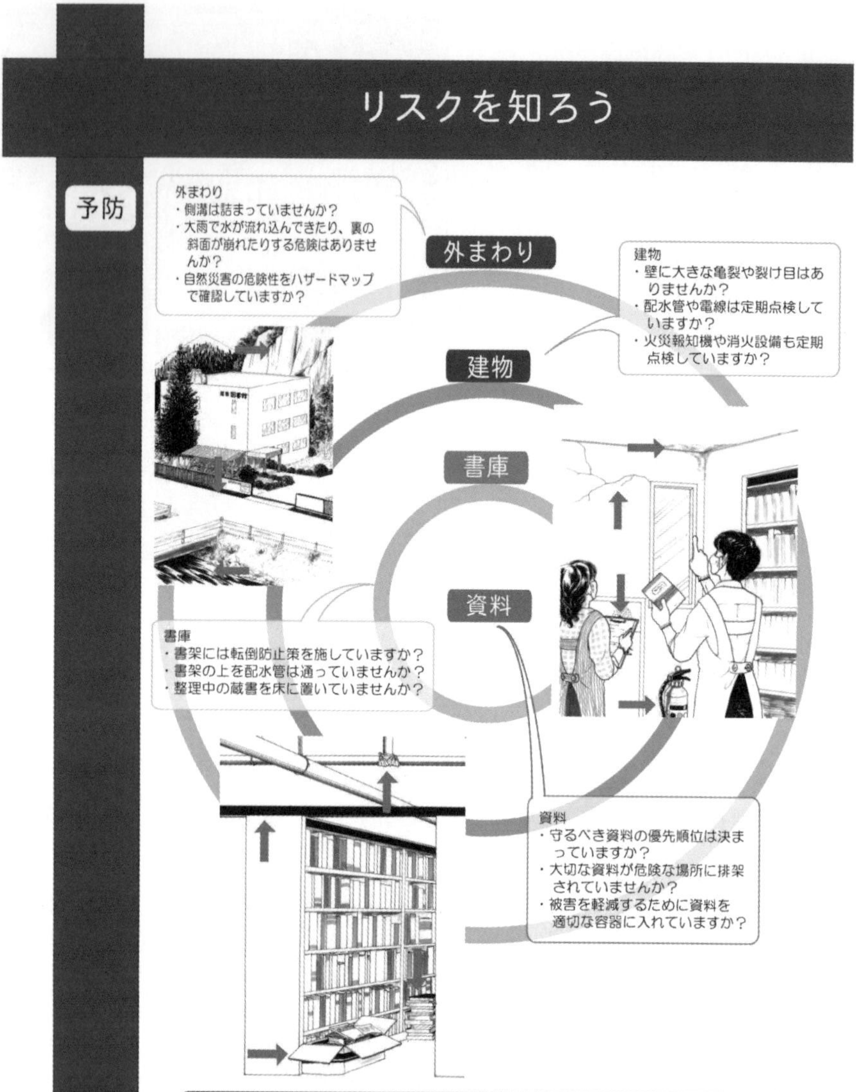

リスクを知ろう
予防
外まわり
・側溝は詰まっていませんか？
・大雨で水が流れ込んできたり、裏の斜面が崩れたりする危険はありませんか？
・自然災害の危険性をハザードマップで確認していますか？
外まわり
建物
・壁に大きな亀裂や裂け目はありませんか？
・配水管や電線は定期点検していますか？
・火災報知機や消火設備も定期点検していますか？
建物
書庫
資料
書庫
・書架には転倒防止策を施していますか？
・書架の上を配水管は通っていませんか？
・整理中の蔵書を床に置いていませんか？
資料
・守るべき資料の優先順位は決まっていますか？
・大切な資料が危険な場所に排架されていませんか？
・被害を軽減するために資料を適切な容器に入れていますか？
あなたの図書館では どんな災害から どの資料を守りますか？
パネル「利用のための資料保存：図書館資料の劣化とその対策展」災害編③

図 2-1　リスクを知ろう

第2章 「事前対策」こそが肝心－資料防災の「予防」と「準備」

■**被災資料救済セット**（東京都立図書館）

東京都立図書館（中央図書館と多摩図書館）で配置している被災資料救済セット。現場対応用のAセットと資料対応用のBセットがある。Aセットは中央図書館各階と多摩図書館に，Bセットは中央図書館2か所と多摩図書館に配備している。

① Aセット（現場対応用）**赤い容器**
漏水が発生したことがある又は予想される箇所の付近に配備することにより，被害の拡大防止と水漏れ資料の救出に必要な資材のセット

目的	No	品名	数量	用途
水漏れの発見	水の除去	1	吸水土のう	6個	吸水及び水濡れ範囲拡大防止
		2	バケツ	3個	
		3	雑巾	30枚	汚れの拭取り，吸水など
		4	新聞紙*	適量	吸水及び資料梱包
	隔離	5	ブルーシート	2枚	現場養生
		6	ビニール紐	1個	
		7	養生テープ	2個	
		8	はさみ	1個	
		9	ポリ袋	100枚	一時的な乾燥防止（主に塗工紙）
	資料の避難	10	軍手	10双	防護
		11	マスク	1箱	防護（50枚入）
		12	ゴム手袋	1箱	防護（100枚入）
		13	台車*		適宜あるものを使用
	記録	14	カメラ	1個	
		15	被災記録票	適量	
		16	油性ペン	3本	
		17	鉛筆	12本	
	収納	18	コンテナ	1個	救済セット収納用（バケツ代用にも）

*4, 13はコンテナに収容しない

② Bセット（資料対応用）**青い容器**
水漏れ資料を避難させた場所で応急措置を行うために必要な資材のセット

目的	No	品名	数量	用途
資料の救済	資料の乾燥	19	タオル	30枚	吸水
		20	吸水紙	8束	吸水
		21	竹へら	10本	ページ剥がし
		22	ピンセット	10個	ページ剥がし
		23	耐水紙	1本	貼りつき防止（主に塗工紙）
		24	不織布	適量	貼りつき防止（主に塗工紙）
		25	板*		適宜あるものを使用
		26	重し*		適宜あるものを使用
	時間かせぎ	27	脱気処理法資材セット*		カビ抑制のため（中央:30, 多摩20）
		28	ポリ袋	100枚	一時的な乾燥防止（主に塗工紙）
	カビ発生防止	29	白衣	10着	防護
		30	エタノール	1本	消毒（500ml入）
		31	マスク	10枚	防護
		32	霧吹き	2本	エタノール入れ
	収納	33	コンテナ	1個	救済セット収納用

*25～27はコンテナに収容しない。27は資料保全室で保管。

19

冷凍庫

乾湿両用掃除機

古新聞のストック

　また，水濡れ資料の時間稼ぎのための**冷凍庫**，濡れた床の水分を吸引できる**乾湿両用掃除機**や**廃棄する新聞紙**をストックしておくことなども役立ちます。

③　訓練
　定期的な訓練により，いざというときの行動，準備した資材の中身・置き場所，乾燥法などの確認を行うことで危険を大きく減少することができます。
　例えば，定期的に行われる消防訓練のときなどを利用するとよいでしょう。日頃からの防災意識が実は最も重要かもしれません。

2.3　被災してしまったら……「対処」

(1)　緊急対応
被害を最小限に抑えよう！
　マニュアルに従って行動し，第6章を参考にし，必要に応じて，専門家に連絡します。まず，資料を被害現場から安全な場所に移します。被害の記録や写真，対応についても忘れずに残しましょう。その反省などから，「予防」や「準備」の見直しが必要になるかもしれません。
　次ページに東京都立図書館の「被災記録票」[2] (図2-2) を紹介します。
　どんな災害でも「水濡れ」が起こる可能性があります。水濡れ資料があれば最優先で対応しなければなりません。第3章，第4章で詳しく解説します。

第 2 章 「事前対策」こそが肝心 – 資料防災の「予防」と「準備」

被災記録票

この記録票は，被災の場所，被災の原因ごとに記入する

発見(通報)日時		年　　月　　日　　時
発見者	職員	(所属・氏名)
	その他	
被災の場所	中央図書館	(具体的に)(例1:3階, 閲覧室　例2:MB1, 書庫)
	多摩図書館	

被災の原因	水濡れ	落下	ガラス			
	その他	(具体的に)(例1:焼けた　例2:カビ)				
被災資料の種類	図書	雑誌	新聞	その他(　　　　　)		
被災資料の量 (およそ)	1〜10	11〜50	51〜100			
	それ以上(　　　段　　　　連)					
搬出人数	(○○課△人, ・・・)					
搬出先	中央図書館	資料保全室	4階作業室	その他(　　　　　)		
	多摩図書館					
手当て人数	(○○課△人, ・・・)					
概要メモ	いつ, 何をしたか(箇条書きで簡潔に)					

図 2-2　被災記録票（東京都立図書館）

(2) 復旧

それぞれの館にふさわしい方法で！

　災害復旧に関する知識は以前に比べたくさん得られるようになりました。今までの経験や教訓はもちろん，本書や専門家のアドバイスを参考にし，迅速かつ冷静に対処することで，大切な資料を救済できます。また，「取り替える」，「捨てる」という選択をすることもあります。

　水濡れ以外の被災資料については，慌てることはありません。図書館のサービス全体の復旧にあわせて順次進めましょう。日本図書館協会図書館災害対策委員会の「被災図書館の方へ」[4)]も参考にしてください。

（眞野節雄）

注
1)　『ネットワーク資料保存』第 99 号　日本図書館協会資料保存委員会　2011
〈パネルの貸出もしています〉
日本図書館協会資料保存委員会「資料保存展示パネル」
　　http://www.jla.or.jp/committees/hozon/tabid/96/ctl/Edit/mid/460/committees/hozon/tabid/115/Default.aspx
2)　東京都立図書館「資料保存のページ　災害対策」
　　https://www.library.metro.tokyo.jp/guide/about_us/collection_conservation/conservation/disaster/index.html
3)　『書庫の救急箱』全国歴史資料保存利用機関連絡協議会防災委員会　1998
4)　日本図書館協会　図書館災害対策委員会　「被災図書館の方へ」
　　http://www.jla.or.jp/committees//tabid/749/Default.aspx

（URL 参照日は 2019 年 9 月 1 日）

第3章
水濡れ発生！　どう動く？

＊事前に作成した「マニュアル」があれば，慌てず，まず確認しましょう。

　図書館資料の被災の中で，最も頻度が多く，厄介なのが，水濡れであり，なかでも塗工紙が問題となることは，第1章で述べたところです。
　水濡れ資料を発見！──どこ（場所），どの程度（冊数），雨水か，配水管からか，そして，すぐに対応できる職員がいるかなど，状況はさまざまです。
　多数の水濡れ資料を前に「うわぁ，どうしよう」と悩んでいる時間はありません。カビ発生の恐れがあるからです。
・紙は濡れたままだと，最悪48時間でカビが発生する。
　ですから，従来からいわれているのは，できるだけ早く乾燥させることです。しかし，
・塗工紙は乾くときに貼り付き（固着），濡れたままだと固着しない。
　つまり，塗工紙を救うためには，乾燥させず，濡れたままにしておく必要があります。
　この矛盾したふたつのことを同時に解決しなければなりません。そのため，
・まず，ポリ袋に入れて，乾燥させないで濡らしたままにしておく。
・その後1冊ずつポリ袋から出して乾燥させる。
・単に濡らしたままだと，カビ発生の恐れがあるので，処置が間に合わない場合は，濡らしたままで，しかもカビ発生を抑える「時間稼ぎ」を行う。
という手順と手法が見えてきます。
　第3章では，主に数百冊程度までの小・中規模の資料の水濡れを想定し，緊急対応として，発見から乾燥，「時間稼ぎ」，再配架まで一連の手順を紹介します。

被災規模が千冊を超えるいわゆる大規模被災については，第4章もあわせて参考にしてください。

また，第3章では，紙資料のうち，製本された冊子の状態のままでの対処を述べます。一枚物の資料についても，基本的に同じ処置です。汚水や海水などで汚れがひどく，冊子を解体して処置する場合については，第5章もあわせて参考にしてください。

3.1 「水濡れ発見！」知らせる，集める

(1) 知らせる

漏水，浸水などの情報が入ったら，すぐにその場所と水濡れ資料の有無を確認し，他の職員に知らせます。施設管理担当者にも連絡します。そのときには水濡れ資料がなくても，その後被害が発生する場合もあります。

(2) 集める

対処するには人手が必要です。できるだけ多くの人を集めましょう。

情報の入った場所以外に，漏水や浸水による水濡れがないか，館全体の確認も必要です。

3.2 水濡れ現場の養生－これ以上被災資料を増やさないために

(1) 資材を現場に運ぶ

第2章で資材のセットを紹介しました（p.17, 19）。そのようなセットが準備されていれば，すぐに持っていきます。

【最低限必要なもの】
・45リットルや90リットルの大型「ポリ袋」…水濡れ資料を入れる
・ブルーシート，布製ガムテープ…天井からの漏水の場合に書棚を被う
・古新聞…吸水用
・マスク…カビやほこりから作業者を守る

第 3 章　水濡れ発生！　どう動く？

・カメラ…記録撮影用
【その他】
・ブックトラック…水濡れ資料を運び出す，資料の避難
・乾湿両用掃除機…濡れた床の効率的な吸水
・扇風機（サーキュレータ），除湿器…床，書架などの乾燥
・コーン，ロープ…立入禁止の表示用

(2)　ブルーシート

ブルーシートをかぶせる

　天井からの漏水では，まず漏水箇所や書架にブルーシートをかけ，被害が他の資料に及ばないようします。漏水が収まっても再発の恐れがあるため，しばらくはブルーシートをかけ，他の資料が被災しないようにします。

(3)　安全な場所への移動
　漏水や浸水した付近の，被害が及ぶことが懸念される場所の資料は，安全な書棚に移動したり，ブックトラックなどを利用して速やかに避難させます。

本を移動させる

(4)　原因を突きとめて対処
　漏水，浸水の原因を早く突きとめ，応急処置をします。

水濡れの原因を突きとめる

扇風機で乾燥させる

(5) 水を取り除き，乾燥

　床の水濡れは，乾湿両用掃除機や新聞紙などで吸水し，扇風機（サーキュレータ），除湿器などで乾燥させます。書棚の間もしっかりと風を入れ，乾燥させます。

(6) 立入禁止

　開館時には，水濡れ箇所は立ち入り禁止区域としてコーンとロープなどで明示し，漏水，浸水がおさまり，床が乾くまで来館者が立ち入らないようにします。

3.3 「捨てる」という選択もある

　図書館における「利用のための資料保存」の方法には「防ぐ」，「点検する」，「治す」，「取り替える」，「捨てる」の5つがあります。この視点は，水濡れ資料についても同じです。
　水濡れした資料の量にもよりますが，その資料的価値によっては，「捨てる」（廃棄）と判断できる資料もあるでしょう。しかし，その判断はその場で急にできるものではありません。「準備」として日頃から大切な資料を見定めておく必要があります（p.15）。

第3章 水濡れ発生！ どう動く？

　数百冊程度までの小中規模の水濡れであれば，とりあえず，次項に述べる最初の行動「水濡れ資料をポリ袋に入れて避難させる」をしておいて，そのあとで廃棄してもよい資料や買い替えが可能な資料を選別することもできます。

　特に，夜間や休日で人手がないときは，最低限，「水濡れ資料をポリ袋に入れて避難させる」までをやっておくとよいでしょう。

3.4 水濡れ資料の避難

(1) 水濡れ資料を濡れたまま「ポリ袋」に入れる

　塗工紙は乾くときに固着し，剥がすことができなくなることが多々あります。とりあえず，塗工紙が多く含まれるであろう近現代資料は，**乾かさないこと**が資料を救うことにつながります。

　書架から水濡れ資料を抜き，ポリ袋に10～20冊程度ずつ，安全に持ち上げられる冊数を濡れたまま入れます。

　天井からの漏水では，床に落ちた水滴がはねて下段の資料が濡れていることや，棚板伝いに漏水が伝わっていることもあります。水濡れ箇所の付近の書架に水濡れ資料がないか，よく確認しましょう。

　「湿っぽいかな？」と迷う資料も，濡れた資料とは別にポリ袋に入れます。湿ったまま書架に置い

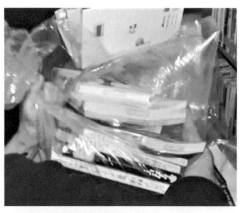

水濡れ資料をポリ袋に入れる

ポリ袋に入れた資料を避難させる

27

ておくと，後にカビが発生する恐れがあります。

(2) ポリ袋に入れた水濡れ資料を避難させる

中に入れた資料が飛び出ないよう，また，資料が乾かないようポリ袋の口を閉じてブックトラックに載せ，安全で，処置のできる場所（作業場所）に運びます。

3.5 選別する－「トリアージ」

「トリアージ」とは，「（選別の意）災害・事故で発生した多くの負傷者を治療する時，負傷者に治療の優先順位をつけること。最も有効な救命作業を行うためのもの」（『広辞苑』）を意味します。

この考え方を水濡れ資料に応用して，作成したものが次ページの「トリアージ・フロー図」[1]（図 3-1）です。

これは，図書館で多く所蔵する近現代資料に含まれる塗工紙も救うための手順を示したものです。

(1) 最初の選別－塗工紙を含むか，含まないか

水道水で洗浄する

作業場所に運んだ「ポリ袋に入れた水濡れ資料」を取り出し，塗工紙が含まれているか，否かを選別します。じっくり調べている時間はありません。すぐにわからない資料は，念のため，塗工紙ありとしておきましょう。くれぐれもポリ袋から出している時間を短くして乾かないようにしてください。

塗工紙は，汚水で濡れているとより固着しやすくなります。水道水で汚水を洗い流すこと（洗浄）が，固着を抑

28

第3章 水濡れ発生！ どう動く？

トリアージ・フロー図

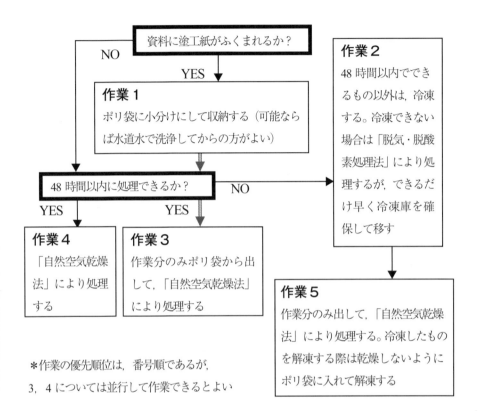

① 濡れた状態から素早くページ間を開き，乾燥させる方法（自然空気乾燥法）を基本としている
② ①の処置が直ちにすべての資料でとれない場合の「時間稼ぎ」としての最善策は「冷凍」である
③ 脱気・脱酸素処理法は，冷凍庫が直ちにかつ十分に確保できない場合の次善策である。早急に冷凍庫を確保して移動させることが望ましい
④ 水道水で洗浄しておくと，カビの軽減だけでなく，塗工紙の固着を軽減できる

図3-1　トリアージ・フロー図

えることにつながります (p.12)。これは，乾燥作業に入る前のできるだけ早い時期に行った方がよいので，できれば，このタイミングで行えたらよいでしょう。

選別や洗浄が終わったら，乾かさないために，再びポリ袋に小分け (10冊程度) にして入れます。小分けにするのは，今後の乾燥などの処置をするときに小出しにし，それ以外の資料を乾燥させないためです。

このタイミングで資料 ID を読み取っておくこともできます。資料 ID を読み取っておくと，被災資料のリストも作成できますし，乾燥の危険をおかしていちいちポリ袋から現物を取り出して確認しなくても，「廃棄」や「取り替え」(買い替えなど) などの判断ができます。

(2) 次の選別－ 48 時間以内に処理ができるか，できないか
　濡らしたまま，湿ったままで資料を置いておくと，最悪 48 時間でカビ発生の恐れがあります。この時間内に乾燥させなければなりません。
　48 時間というのは前述したように (p.9)，最悪の場合なので，通常は 1 週間程度の余裕はあります。もちろんなるべく早く処置するにこしたことはありません。
　その期間内に乾燥処置できる量は，水濡れの程度，対応できる人数，時間，場所などさまざまな条件で異なりますが，処置可能と見込まれるものについては，乾燥作業を行います。**塗工紙ありのものを優先させます。**
　期間内に処置ができないと見込まれるものについては，処置ができるまでの間，濡らしたままカビの発生を抑える「時間稼ぎ」(p.38-41) の処置が必要です。

3.6　資料の乾燥方法

　資料の乾燥方法はいろいろありますが，はじめに最も現実的で安全な「自然空気乾燥法」を詳しく紹介し，参考にその他の方法についても紹介します。また，さまざまな機関もマニュアルを公開しています。第 6 章に紹介しましたの

日本図書館協会　出版案内

JLA Bookletは、図書館とその周辺領域にかかわる講演・セミナーの記録、話題のトピックの解説をハンディな形にまとめ、読みやすいブックレット形式にしたシリーズです。

図書館の実務に役立ち、さらに図書館をより深く理解する導入部にもなるものとして企画しています。

JLA Bookletをはじめ、協会出版物は、こちらからお買い求めいただけます。また、お近くの書店、大学生協等を通じてもご購入できます。

二次元バーコード

お問い合わせ先
公益社団法人
日本図書館協会　出版部販売係
〒104-0033
東京都中央区新川１－１１－１４
TEL：03-3523-0812（販売直通）
FAX：03-3523-0842　E-mail：hanbai@jla.or.jp

---

no.1 学校司書のいる図書館にいま、期待すること

木下通子著『読みたい心に火をつけろ！──ジュニア新書の出版記念トークセッション』（岩波ジュニア新書）の収録。ジュニア新書の未来について語りあった内容を収録。学校図書館関係者のみでなく、読書に関心のある方も必見です。

ISBN 978-4-8204-1711-8

---

no.2 読みたいのに読めない君へ 届けマルチメディアDAISY

保護者、図書館員、DAISY製作者のそれぞれの立場から、図書館でのデイスレクシアやマルチメディアDAISYについてわかりやすくまとめた一冊。読みやすいブックレット（認識のしやすさが高いUDフォントを使用）。

2018年に大阪と東京で開催した、塩見昇氏の著

ISBN 978-4-8204-1809-2

JLA Booklet 既刊1

no.19 人は図書館のおすすめ本はなぜ本を紹介するのか Live! リマスター版

図書館員が本を紹介することの意味、その仕事が図書館を越えて出版の世界へ、広く読者へ届くためには、これからの図書館と出版を考えることなどができる読書です。

ISBN 978-4-8204-2404-8

no.18 図書館員が知りたい著作権80問

図書館現場から実際に寄せられた質問を基に、Q&A形式で平易に解説しています。著作権と図書館サービスのせめぎ合いに直面したときに役立つ一冊です。「作者と出版者等々、悩んだときの関係者直しどころ」を。

ISBN 978-4-8204-2405-5

no.17 戦時下検閲と図書館の対応

第109回全国図書館大会分科会「戦争と図書館」3つの講演録。太平洋戦争中の思想統制への抵抗の自由を使命とする図書館のあり方をぜひ手にしたい一冊です。資料提供、講演録。

ISBN 978-4-8204-2403-1

no.16 図書館のマンガを研究する

「海外図書館のマンガ受容に関する大規模総合的研究」に基づく日本文化の踏まえたマンガという受容の特有性にも言及されており、今後の図書館におけるマンガ資料必要性の課題をつっこんだ講演も一冊。

ISBN 978-4-8204-2311-9

no.15 「図書館員のためのやさしい日本語」

外国人の状況や図書館の役割、実践的な「やさしい日本語」の使い方について詳しく説明。利用者にとっても大切な役立つツールを広く伝えるツールを教えてくれる一冊。あらゆる図書館サービスに。

ISBN 978-4-8204-2306-5

no. 新著作権制度と実務

書館」となり、「国民の知のアクセス」の向上への必携のとなり、期待に応えることが求められている現在、一冊です。

ISBN 978-4-8204-230

好評発売中！！

no.13 図書館資料の保存と修理 その基本的な考え方と手法

全国各地で長年資料保存委員会の仕事に携わってきた著者が、図書館協会資料保存委員長を務め、東京都立中央図書館等での講師・講義録や実践の内容をコンパクトにまとめた真の意義を確認できる好著。

ISBN 978-4-8204-2218-1

no.12 非正規雇用職員「図書館で働く女性非正規雇用職員」講演録

公共図書館で働く非正規雇用職員の問題を取り上げたセミナーに焦点を当てた記録。女性非正規雇用参加職員の意見交換やあり方を考える大きな一歩になる図書館サービスと職員の報告を収録。

ISBN 978-4-8204-2209-9

no.11 学校図書館とマンガ

「学校図書館にマンガを導入する意義」等の章を通じて学校図書館になぜマンガが必要か（理論編）、「学校でもマンガが高く評価されている」と訴える一冊。学校図書館の外でも蔵書に、海外書ももひとつの一冊。

ISBN 978-4-8204-2208-2

no.10 図書館法の使命の原点を問う図書館振興を考える

塩見昇氏と山口源治郎氏のぐる対談記録と2020年11月の図書館法制定70周年記念講演会の講演記録。図書館法制定時に示唆していた第10回全国図書館大会における略図書館法を考えるときに必備の一冊。版図表も収録。

ISBN 978-4-8204-2206-8

no.9 現代日本図書館年表 1945-2020

日本国内の図書館に関する出来事を一冊にまとめたもの。1945年の太平洋戦争終結から2020年までの75年間の図書館の成長や動きを俯瞰し、将来に向けた構想や索引つきの現状分析に役立てる内容で、一年評価した一冊です。

ISBN 978-4-8204-2114-6

JLA Booklet 既刊19冊 好評発

no.8 やってみよう資料保存

図書館の資料について基本から学べる入門書。資料のすり切れやカビ対策、災害時の対処法などを解説。分かりやすく利用を保障する資料保存は、図書館の基本的責務でもあります。資料保存に取り組むためのころから資料保存対策に。

ISBN 978 4-8204-2109-2

no.7 図書館政策セミナー「公立図書館の所管問題を考える」講演録

2019年3月開催の図書館政策セミナー講演録。公立図書館の所管移管に伴い、自治体や教育委員会の公立図書館についての首長部局の所管移管の懸念から委託・指定管理者制度の役割や社会教育施設の法的視点から重要性を考察する一冊。

ISBN 978 4-8204-2007-1

no.6 水濡れから図書館資料を救おう！

「水濡れ」の厄介さや大規模災害時の対応行動法を解説。事前対策の重要性や救出方法など詳しく紹介。貴重な情報源図書館資料の管理に関わる人々にとって一つの事例も収録した資料となる一冊。

ISBN 978 4-8204-1907-5

no.5 図書館システムのデータ移行問題検討会報告書

新システムへのデータ移行においてルール化を提案。2018年12月17日に行われた学習会の記録も収録。図書館システムの中でパスワードの現状と課題を解説。システム変更に伴うパスワードの移行状況と課題を解説。

ISBN 978 4-8204-1905-1

no.4 図書館政策セミナー「法的視点から見た図書館と指定管理者制度の諸問題」講演録

指定管理者制度の諸問題を法的視点から解説。図書館長と職員の関係や制度導入要件などを検証。導入に疑問を提起。法律専門家の視点からデメリットを明示し、制度導入に関わる全ての人に一読を。法館と管理者制度に関わる必読の書。

ISBN 978 4-8204-1812-2

no.

1979年改訂のころ

宣言の改訂に直接かかわられた方の貴重な証言から、当時の時代状況と現場の雰囲気などがよく伝わってくる一冊。

ISBN 978 4-8204-1810

第3章 水濡れ発生！ どう動く？

で参考にしてください。

(1) 自然空気乾燥法－1冊ずつ手作業で行う場合

　自然空気乾燥法とは，自然に空気中に水分を放出させて乾燥させる方法です。「自然乾燥」，「大気乾燥法」，「風乾法」などともよばれています。

　簡単に誰でもできて，特別な資材・道具が必要ありません。そして，資料の状態を常に観察しながら行うことができるので安全です。また，工夫してひと手間かければ，ページの波うちや冊子の歪みが少ない状態で乾燥させることができます。

　ただし，1冊ずつ手作業で行うため，人手や時間が必要です。

① 準備するもの

・乾いたタオル
・吸水紙（吸取紙，キッチンペーパー，コピー用紙※，新聞紙など）
　※注意：反故紙を使用することもできますが，水性インクで印刷されている場合は，インクが水に滲むので，使用を避けましょう。
・板
・重し（漬け物石など）

準備するもの

② 作業の前に－留意点

　特に塗工紙を含む資料は，ポリ袋から取り出すとき，必ず1冊ずつ取り出します。

　また，トリアージの際に，水道水で洗浄ができなかった場合は，このタイミングで洗浄してから乾燥作業に入りましょう。トリアージの際に洗浄していたとしても，時間が経過すると塗工紙は固着しやすくなりますから，再度洗浄することが望ましいです。

31

③　手順1　全体を乾いたタオルで押さえ，水分を取る

　資料全体の形を整えて，乾いたタオルで包み，上から押さえて水分を絞り出します。製本締め機があれば，それで締めて絞り出します。また開けることができる箇所から押さえてもよいでしょう。

　びしょびしょに濡れていると以後の作業が困難です。

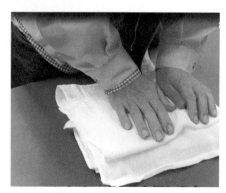

資料をタオルで包み押さえる

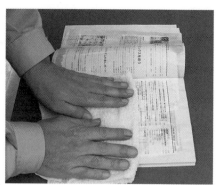

開くところをタオルで押さえる

④　手順2　塗工紙が含まれている場合−塗工紙のページの処置

　塗工紙を含む資料は1冊ずつ，塗工紙のページを優先して処理をします。

　塗工紙のページは，必ずページを1枚ずつ開き，ページごとに吸水紙を挟みます。ページが重なっていると，乾くときに固着して，剥がれなくなってしまう恐れがあります。

　紙は濡れていると脆弱になっています。ページを開くのには，竹ヘラやピ

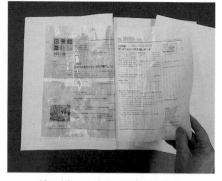

塗工紙のページに吸水紙を挟む

ンセットなどを使用するよりも，素手のほうが安全に開くことができます。竹ヘラやピンセットは必要に応じて使用します。

　水分を吸った吸水紙はすぐに取り替えます。塗工紙の表面が半乾きとなり，

第3章　水濡れ発生！　どう動く？

触れてさらさらした状態になるまで吸水紙を取り替えます。通常3回程度でこの状態になります。この状態まで乾けば，塗工紙が固着する恐れは大きく低下します。

塗工紙の処置が終わったら，塗工紙以外のページの処置にかかります。

濡れた状態の塗工紙

サラサラになった状態の塗工紙

⑤　手順3　塗工紙以外のページ，塗工紙を含まない資料の処置

塗工紙以外のページでは，開くところに吸水紙を入れます。塗工紙と違って，1枚ずつ入れる必要はありません。十数ページずつでもかまいません。

紙は水に濡れると脆弱になり，破れやすくなっています。この場合，無理に開かず，開くところから水分を取っていきます。

吸水紙はこまめに取り替える必要がありますが，吸水されるにつれ，開くページが多くなるので，そのページにも吸水紙を入れ，全体の水分を抜いていきます。複数冊を同時並行して行うこともできるでしょう。

吸水紙を挟んだ資料

33

吸水紙をページに挟んだまま，板に挟んで重しをすると，効率よく水分が取れますが，吸水紙を入れたままにしておくと，水分を含んだ吸水紙の波うちが本紙に移ることがあります。また，たくさんの吸水紙を挟んで重しをかけると，冊子が歪んでしまう場合があります。

吸水紙を挟んで重しをのせて吸水させる場合は，こまめに吸水紙を取り替え，一度にたくさんの吸水紙を挟むことは避けましょう。

⑥ 手順4 板に挟んで重しをのせる

半乾きの状態になったら吸水紙をはずして，形を整えて，板に挟んで重しをのせます。

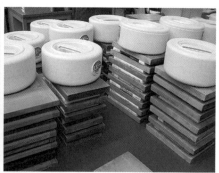

板に挟んで重しをのせる

前述したように，吸水紙を挟んだまま長時間重しをのせると，吸水紙の波うちが本紙に移ることがあるので，必ず外します。

1日に数回，ページをめくって「風入れ」をし，湿気を飛ばすとともに，乾きの具合，塗工紙の固着がないかなど資料の状態を確認します。

板に挟んで重しをしないと，次ページの写真のように波うち，歪んだ状態で乾いてしまいます。乾いてから重しをのせても平らにはなりません。

第3章 水濡れ発生！ どう動く？

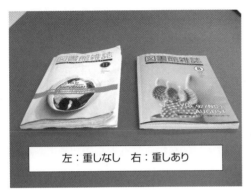
左：重しなし　右：重しあり

水濡れの度合いによりますが，1週間程度は板に挟んで重しをして，1日数回の風入れ作業を続けます。

ソフトカバー，ハードカバーともにノド（綴じ側の部分）の乾きが遅く，小口側が乾いてもノドには湿気が残っていることが多くあります。風入れ作業は，こもった湿気を取り除く重要な作業になります。

1週間ほどが過ぎ，ノド部分も十分に乾いたと判断したら，重しを外して，さらに2週間程度乾燥させながら，カビの発生や異臭などの異常な状態がないか確認します。

(2) 自然空気乾燥法－扇風機（サーキュレータ）を利用する場合

1冊ずつ手作業で行うのではなく，扇風機（サーキュレータ）を使って，一度に多くの資料を乾燥させる方法です。

まず，「手順1」(p.32)で粗々水分を取ります。

塗工紙を含む資料の場合は，そのあと，塗工紙のページ部分について「手順2」(p.32)を行います。塗工紙を含まない場合には，「手順2」はもちろん必要ありません。

そして，扇風機（サーキュレータ）の風を当てて乾かします。

資料が大量で，扇風機（サーキュレータ）が不足する場合は，時間はかかりますが，空中に放置しておくだけでも乾燥していきます。

・冊子を扇状に開いて立て，扇風機の

扇風機で乾燥する

35

風を当てて乾かします。湿気がこもるので、部屋の換気をよくして行います。ページを無理に開く必要はありません。開くところからでかまいません。
- ダンボールなどの硬いものをところどころに挟むと、扇状に立てやすくなります。また、穴のあいた断面を風のくる側に向けると乾燥が早まります。
- 扇風機の風の当たったページから乾燥し、次第にくっついていたページが離れやすくなります。
- 時々、ぱらぱらとめくって、全体のページに風が当たるようにします。扇状に開くことによって、ノドの部分にも風が入り、乾かすことができます。
- 乾燥してすべてのページが開き、ノドに湿気を感じなくなれば終了します。

人手や時間がかかるという「自然空気乾燥法」の欠点を補って、効率的に、素早く乾燥させる方法で、特に、塗工紙を含まない資料の乾燥には手間もかからず**大量に素早く処置**できます。

ページの波うちが激しい

しかし、そのまま乾燥してしまうと資料が波うち、歪んだ状態になってしまうという問題点があります。それを防ぐには、完全に乾かさないで、風を当てるのは、半乾きの状態までで、その後は「手順4」(p.34) に移ればよいのですが、急速に、しかも乾いたところとまだ濡れているところがムラになった状態で乾いていきますから、実際には波うち、歪みを生じさせないことはかなり困難といえます。

ですから、この方法は、資料が、波うち、歪んでしまってもかまわない、仕方がない、それより早く（カビの危険を避けるためにも）乾燥させたい、という判断のもとに行うことになります。

(3) その他の主な乾燥方法
① 真空凍結乾燥法

　真空凍結乾燥法とは，文化庁作製の「文化財防災ウィール」[2]には，次のように解説されています。

　　「資料を氷点下の真空チャンバーで乾燥すると，膨潤と歪みを最小限に抑えられるため，この方法が最も良い方法である。特に，歴史資料や光沢のある紙に向いている。《この作業を行える施設は限られているので，最寄の教育委員会文化財担当者に問い合わせる。》」

　この解説にもあるように，冷凍して，真空下で水を固体から直接気体にして蒸発させるため，資料を歪めることなく乾燥させ，「光沢のある紙」すなわち塗工紙の固着も起きないという，まさに最善の方法かもしれませんし，そのようにもいわれています。しかし，大型の冷凍庫の確保だけでもなかなか大変ですし，この設備，しかも大型のものがある機関は非常に限られてきます。

　この設備は，水に濡れた埋蔵文化財を乾燥させるために普及していることもあって，「最寄の教育委員会文化財担当者に問い合わせる」と言っていますが，小型のものが多く，大量の資料を処理する場合には課題があります。

　ですから，通常，この方法を自分たちで行うことはできません。大量に被災資料があって，自分たちではどうしようもないとき，すなわち「助けを求める」(p.45)ときに，この方法で行うことが可能になります。

② スクウェルチ・ドライイング法

　スクウェルチ・ドライイング法とは，吸水紙（新聞紙）で包んだ資料をポリ袋に入れ，真空梱包する脱水方法です。吸水紙に水分が浸みこんだあと，袋を開けて，吸水紙を替えて，同じ工程を繰り返します。真空梱包は「脱気シーラー」（空気を抜き，熱で袋の口を溶着する食品などの真空パックに使う機械）で行いますが，「脱気法」(p.40)で紹介するように，布団圧縮袋などと掃除機で代用できます。

　形を整えて，十分乾燥するまで行えば，波うち，歪みが生じない利点がありますが，塗工紙は固着する危険が高くなります。

また，大きな問題として，非常に時間と手間がかかることがあります。例えば新聞紙を 24 回取り替えて，91 日間かかったという報告[3]もあります。他にも「脱気法」(p.40)で紹介する「臭い」などの問題もあります。

③ その他の乾燥法

「熱風乾燥法」といわれる乾燥法は，ドライヤーを使えばできますし，アイロンで乾燥させる方法もよく見聞します。しかし，急激に熱を加えて乾燥させることは，より波うちや歪みの原因になります。また，紙はそもそもある程度の水分を含んでしなやかさを保っていますが，その水分が一時的にせよ抜けてしまうことになりますから，紙にとってよいことではありません。

しかし，被災の状況によって，やむを得ず，アイロンを使用する場合もあるかもしれません。その場合は，安全のため，低温で，不織布やクッキングシート（耐熱性，両面シリコーン加工）を当てて行ってください。この方法は，効率よく早くできそうですが，実際には，1 枚 1 枚かかりっきりの作業になりますから手間がかかります。

その他に，「凍結昇華乾燥法」があります。冷凍庫の中に，むき出しで資料を入れて，凍結して固体になった水を直接気化させる方法で，「真空凍結乾燥法」の簡易バージョンともいえる方法です。しかし，実際にやってみると，放置しておけばよいので手間はかかりませんが，長期間の時間を要します。

もし，屋外で乾燥させる場合は，紫外線は資料にとってよくありませんから，直射日光に当てて乾燥させることは避け，日陰で行いましょう。

3.7 「時間稼ぎ」の方法

(1) 冷凍する

濡らしたままカビの発生を抑える「時間稼ぎ」の最善の方法は，冷凍です。冷凍庫が必要という以外の問題点はありません。水濡れ資料をポリ袋に入れポリ袋の口を閉じて冷凍庫に入れます。

冷凍すれば，数年でも時間が「フリーズ」したままになりますから，慌てず

第3章 水濡れ発生！ どう動く？

に対処できます。

準備した冷凍庫の容量によっては，貴重な資料，塗工紙ありの資料，水濡れが酷くて手間のかかりそうな資料などの条件を勘案して，優先度の高いものから冷凍庫に入れます。

処置（乾燥作業）ができるようになったときに取り出します。

【その後，「自然空気乾燥法」で乾燥させる場合の留意点】

冷凍した資料は，ポリ袋に入れたまま，処理ができる分だけ冷凍庫から取り出します。

そのまま，**自然解凍**します。必ずポリ袋に入れたまま解凍してください。ポリ袋から出してしまうと，解凍してそのまま乾いていってしまい，塗工紙が固着してしまうことになりかねません。

水道水の中に直接漬けて解凍すると，洗浄も同時にできますが，特にハードカバーの資料などは，製本が壊れてしまいますから注意が必要です。

解凍したら，塗工紙を含む場合は，処理する1冊だけをポリ袋から取り出し，それ以外の資料は乾かないようにそのままポリ袋に入れておきます。塗工紙を含まない資料の場合は，同時並行して作業を行うこともできますので，その場合は，複数冊取り出してもよいでしょう。

冷凍庫に入れた資料

(2) 冷凍できないときに－他の「時間稼ぎ」方法

> 「時間稼ぎ」が必要なのに，冷凍庫に収納できなかった資料は，とりあえず他の「時間稼ぎ」を行う必要がありますが，いずれも問題があります。一刻も早く冷凍庫を確保して移す必要があります。

冷凍できないため，冷蔵した場合では，常温と比較しておおむね2～3倍の，

39

カビ発生までの「時間稼ぎ」が期待できます。

① 脱気法

　カビが生育するためには条件があります。水分，栄養，胞子，そして「酸素」です。一般的に，酸素がなければカビは発生しません。そこで，空気をなくす，すなわち酸素もなくすことで，カビの発生を抑える方法です。

　脱気シーラーを準備するまでもなく，ガスバリア袋（市販の布団圧縮袋を利用できる）に濡れた資料を入れて，掃除機で空気を抜いてカビの発生を防ぐ方法です。

布団圧縮袋

濡れた資料を入れる

掃除機で空気を抜く

　3か月間試したところ，カビの発生はありませんでした。ただし，1週間を過ぎるころから，ベタつきが生じ，かなり強烈な臭いも発生しました。酸素がないとカビは抑制されますが，バクテリアなどの繁殖は進むことから，そのせいかもしれません。このベタつきや臭いは，ていねいに洗浄すれば解決しますが，かなり手間がかかることになります。

② 脱酸素法

脱酸素剤・酸素探知剤・ガスバリア袋

この方法は，掃除機で空気を抜く代わりに脱酸素剤を入れて，酸素濃度を下げてカビの発生を抑える方法です。災害時の停電などで掃除機が使えないときに有効です。

資料を入れたガスバリア袋に，脱酸素剤と酸素探知剤を入れます。ガスバリア袋と脱酸素剤・酸素探知剤がセットになった市販の製品[4]もあります。3か月間試したところ，カビの発生はありませんでした。ただし，「脱気法」と同様の臭いなどの問題はあります。

3.8 洋装本以外の資料について

(1) 和装本（和紙）

　和装本にもいろいろありますが，一般的な，和紙で作られた和装本は，「**自然空気乾燥法**」での処理に問題はありません。近現代の資料のように塗工紙を含んでいないので，塗工紙が含まれる資料よりは手間もかかりません。ただし，和紙は洋紙と異なり，吸水紙にエンボス（凹凸）のあるキッチンペーパーを使用するとエンボスが和紙に移ってしまう場合があります[5]。和装本の吸水紙に，エンボスや折れ筋のある紙を使うのは避けましょう。また，水に濡れている状態では，やはり紙が脆くなること，そして，綴じの部分は乾きにくいことは洋装本と同じです。

　よくある「袋綴じ」の製本は，**簡単に解体・再製本**ができますから，解体して1枚ずつにして処置した方が効率的な場合もあります。

　なお，貴重本などで不安があるときは，迷わず専門家のアドバイスを受けま

しょう。

(2) 紙資料以外の資料

　水濡れ資料は紙資料だけとは限りません。図書館には，写真，マイクロフィルム，CDなど多様なメディア（素材）が存在します。素材の種類が異なればその対処の方法もまったく異なります。第6章にはそれぞれの素材の資料についての参考資料やウェブサイト，問い合わせ先を紹介しています。わからないときには専門家のアドバイスを受けましょう。

3.9　再配架の前に

　水漏れや浸水の原因が解明し，対処がとられたかを確認します。
　水濡れした書棚を消毒用アルコールで拭きます。
　資料が十分に乾いているか，再度，風入れして確認してから再配架します。このとき「まだ湿っぽいかな？」と思った資料があれば，もう一度，板に挟んで重しをして1日数回風入れをする作業を，さらに1週間ほど行い，様子をみます。
　完全に乾かないうちに再配架することは，カビ発生の原因となり，周囲の資料にもカビを発生させることになりかねません。

3.10　記録をまとめ，今後の参考にする

　水濡れ資料を発見したら，その場の写真を撮り，なるべく早い段階で記録票（p.21）の記載を行っていきます。場所，冊数，水濡れの状態，「救う」か「廃棄」かの判断，処理方法，処理の場所，処理にかかった時間や人，購入した物品など，なるべく詳細にメモや記録をとっておきましょう。
　これらの記録から，緊急対応時の問題点や水濡れマニュアルの見直しの必要性などが明らかとなり，今後の対策につなげることができます。

経験を「予防」と「準備」に生かし，資料を守るための事前対策を講じましょう。

(切坂美子・眞野節雄)

注

1) 東京都立図書館のトリアージ・フロー図を参考に作成しています。
東京都立図書館「資料保存のページ　災害対策」
https://www.library.metro.tokyo.jp/guide/about_us/collection_conservation/conservation/disaster/index.html
2) 「文化財防災ウィール」　http://www.bunka.go.jp/earthquake/taio_hoho/pdf/jyoho_03.pdf
3) 小野寺裕子ほか「〔報告〕津波等で被災した文書等の救済法としてのスクウェルチ・ドライイング法の検討」『保存科学』No.51　2012　p.135-155
4) 「無酸素パック　Moldenybe® モルデナイベ」
https://www.hozon.co.jp/archival/product_other_2.html
5) 松下正和・河野未央編『水損史料を救う　風水害からの歴史資料保全』岩田書店　2009　p.23

(URL参照日は2019年9月1日)

第4章
大規模災害にあったら

　災害の規模はさまざまです。人の安全が脅かされるような大災害においては，繰り返しますが，利用者・職員の安全確保が最優先です。

　混乱が落ち着いたら，施設や資料の被災に対応します。そのときの注意点，留意点については，日本図書館協会図書館災害対策委員会の「被災図書館の方へ」[1]が参考になります。地震の場合は余震が心配ですから，慌てて書架の間に入って作業をしないようにします。くれぐれも安全が確認されてから作業をしましょう。

4.1　水濡れ資料はないか

　資料の被災のうち，なるべく早急な対応が必要なのは**水濡れ**ですから，その被害の有無の確認をまずしましょう。落下して壊れた資料は後で落ち着いてからゆっくり補修すればよいので，簡単に整理して通路を確保するくらいでよいでしょう。ガラスが飛散して資料に被った場合は危険ですから，そのエリアには立ち入らないようにします。特に**蛍光管**が割れてしまった場合は蛍光物質を吸引することがないよう注意します[2]。

4.2　「捨てる」ことから始まる？

　例えば，何万冊もの資料が水に濡れてしまうような大きな被害に見舞われていたら……「マニュアル」があって，ある程度の事前準備をしていても，現実にはお手上げということも想定されます。

　図書館における「利用のための資料保存」には5つの方法があります。「防ぐ」，

「点検する」,「治す」,「取り替える」,「捨てる」ですが,これは災害対応においても適用されます。

大規模被災の場合は,まず「捨てる」ことから始まります。図書館資料の価値は千差万別であり,その図書館にとって,どうしても残したいもの以外は「捨てる」という判断が現実には必要となります。そのためには日頃から救済の優先順位を決めたり,残さねばならない資料をピックアップしておく必要があることは第2章で述べました。

4.3 「予防」がいのち

災害が起こってから私たちにできることは現実には限られています,資料の救済は,第2章で述べた「予防」や「準備」がどれだけできているかにかかっていると言ってよいでしょう。

分散保存やデジタル化したデータを,安全な場所に保管しておくことができれば,より安心です。

4.4 すぐにやらねばならないこと

救済しなければならない水濡れ資料がある場合は,第3章や第6章を参考に対応します。とりあえず,乾かないようにポリ袋等に収納し,水道水が使える場合はなるべく水道水で洗浄しておきます。

4.5 「助け」を求める

1週間以内の対応が目標ですが,とても間に合わないと判断される場合は,すぐさま「助け」を求めてください。県立図書館,県の図書館協会などの上部機関,日本図書館協会図書館災害対策委員会[1],日本図書館協会もメンバーになっている国立文化財機構「文化財防災ネットワーク」[3]や歴史資料ネット（史料ネット）[4],SaveMLAK[5]などです。

45

4.6　冷凍庫の確保

　カビの発生を防ぐには早く乾燥させることが重要です。文化財のような資料の場合，対象となる紙は和紙でしたから，単純に早く乾燥させればよいのですが，図書館資料のような近現代資料に含まれる塗工紙は，乾燥するときに固着するので，むやみに乾燥させず濡らしたままにしておく必要があります。濡らしたままカビの発生を抑えるベストな「時間稼ぎ」方法は**冷凍**です。

　ですから近現代資料にとって，冷凍庫を確保することは切実な問題です。冷凍を1週間以内を目標に行わなければなりません。第2章や第3章で冷凍庫にもふれましたが，それぞれの図書館が準備できるのは，現実には300リットル程度の家庭用冷凍庫程度でしょう。大量に対象資料がある場合は間に合いません。博物館，埋蔵文化財施設，大学等の研究機関，市場，冷凍業者，スーパーマーケットなど，あらかじめ協力先をみつけておくことも「準備」のひとつです。今までには，国立文化財機構奈良文化財研究所（奈良市場の冷凍庫を契約）や，東北地方では東北大学災害科学国際研究所，岩手県立博物館，陸前高田市立博物館などが提供していますし[6]，2018年の西日本豪雨の際には，岡山県立記録資料館，愛媛大学，愛媛県内の漁協などが提供しています[7],[8]。

　冷凍できればあとはゆっくり対応を考えられます。まず，同じ資料が再入手できないか探して「**取り替える**」。そして再入手不可能な貴重な資料は，最終的には「**治す**」。

4.7　ふたつの事例

　東日本大震災での未曾有の被災事例については，第5章で陸前高田市立図書館を詳しく紹介しますが，ここでは他の事例を紹介します。

(1)　岩手県遠野市[6]

　2016年8月，めずらしく東北地方を直撃した台風によって，多くの河川が氾濫し，大きな被害をもたらしました。遠野市立図書館の貴重資料が保管され

ていた館外施設の1階資料室が床上約40cm浸水して，約2,500冊の貴重なコレクションが被災しました。別のところに運び込んだものの，カビの発生に対して，自分たちの力だけではとても無理と判断して，博物館学芸員がSNSなどで救援要請を発信しました。直ちに，岩手県立博物館，陸前高田市立博物館や国立文化財機構「文化財防災ネットワーク」から支援の申し出があり，ポリ袋に入れられた資料は，1週間以内に各所の冷凍庫に収納されました。その後，少しずつ乾燥作業が進められ救うことができました。

(2) 茨城県常総市 [9)]

もうひとつの事例は，2015年9月の関東・東北豪雨です。鬼怒川氾濫により，常総市立図書館の，郷土資料コーナーもある1階に浸水して約3万冊が被災しました。茨城県立図書館が支援に入ろうとしましたが，混乱や図書館員も市の職員として災害対応に当たらなければならないことなど諸事情で，県立図書館職員が現地に入ったのは約1週間後でした。温度・湿度ともに高い時期でもあって，すでにカビが発生しはじめていました。救済対象を郷土資料のうち，常総市に関係するものだけに限定して救出しました。東京都立中央図書館に相談して，トリアージ，応急処置や，ちょうど復旧した水道水による洗浄を市立図書館の非常勤職員らと行い，約2週間後に，脱酸素剤を入れたガスバリア袋（p.41）に入れて，国立国会図書館の冷凍庫に保管（148点）することができました。

その後，県立図書館（のちに業務に専念することができるようになった市立図書館も）で，再入手可能な資料を探します。県立図書館等，ほかのところで複本がないか，発行元に残部がないか，古書店で入手できないか等々，あらゆる方法で探し，最終的に再入手不可能な資料は31点となりました。この31点は国立国会図書館で修復・再製本が行われました。

（眞野節雄）

注
1) 日本図書館協会図書館災害対策委員会「被災図書館の方へ」
 http://www.jla.or.jp/committees/tabid/600/Default.aspx

電話連絡先：03-3523-0811
2) 東京都立中央図書館「資料保存のページ　災害対策」に「参考：蛍光ランプが破損した場合」（日本照明工業会）が掲載されています。
   https://www.library.metro.tokyo.jp/guide/uploads/keikoulamp.pdf
3) 国立文化財機構文化財防災ネットワーク　https://ch-drm.nich.go.jp/
4) 歴史資料ネットワーク（史料ネット）　http://siryo-net.jp/
5) SaveMLAK（博物館・美術館，図書館，文書館，公民館の被災・救援情報サイト）
   https://savemlak.jp/wiki/saveMLAK
6) 遠野文化研究センター調査研究課編『三陸文化復興プロジェクト：遠野一五〇〇日の記録』（遠野学叢書 7）遠野文化研究センター調査研究課　2017　p.34-35
7) 『史料ネット　News Letter』第 89 号　歴史資料ネットワーク　2018.10
8) 岡山県立記録資料館「平成 30 年 7 月豪雨による災害への対応」平成 30 年 12 月
   https://archives.pref.okayama.jp/pdf/H3007gouu_taiou.pdf
9) 緑川朋子「常総市立図書館の水損資料救済について」『ネットワーク資料保存』第 114 号　p.4-6　2016

「被災図書館の支援」『国立国会図書館月報』671 号　2017.3
   http://dl.ndl.go.jp/info/ndljp/pid/10309001
国立国会図書館「常総市立図書館被災資料の修復」
   https://www.ndl.go.jp/jp/preservation/cooperation/Joso.html

（URL 参照日は 2019 年 9 月 1 日）

第5章
大規模災害の被災資料を救え！－陸前高田市立図書館郷土資料

　大規模災害で被災した資料はあきらめるしかないのでしょうか。第5章では，東京都立図書館が支援した岩手県陸前高田市立図書館の津波被災資料について紹介します。

　2011年3月11日の東日本大震災では数多くの人命が失われ，図書館もまた甚大な被害を受けました。岩手県陸前高田市立図書館は職員全員が犠牲となり，建物も壊滅状態，8万冊の蔵書すべてが被災しました[1]。この甚大な被害の中，さまざまな方々の協力によって救出された資料があります。それは，学校の文集や郷土史家が記した陸前高田市の歴史など，その地域の歩みを知ることができる**郷土資料**です。

5.1　1年後の救出[2]

　陸前高田市立図書館は，津波により開架図書はすべて流出し，窓のない書庫（貴重書庫と中2階書庫）に保管されていた資料は汚泥を含んだ海水によって被災したものの，かろうじて流出は免れました。

　2011年4月，貴重書庫に保管されていた岩手県指定文化財吉田家文書とその関連資料は救出されましたが，その他の資料はそのままになっていました。

　2011年12月，図書館のブックモービルの車庫に積みあげられた資料の中に貴重な郷土資料が含まれていることがわかり，2012年3月17日～19日にこれらのレスキュー活動が行われました。泥やカビにまみれて山積みになった被災資料の中から約500冊の郷土資料が発掘されたのです。

　この約500冊の中から再入手が困難な資料が絞り込まれ，また，著しく状態の悪いものや県内の図書館で蔵書が確認できたものが除かれました。最終的に

約 170 冊の資料について，2012 年 6 月 3 日〜5 日，搬送先の岩手県立博物館で，乾燥・殺菌・汚れ落とし等の応急処置が行われ，そのまま同館の冷凍庫で保管されました。また，これらのうち，他の図書館に所蔵のない郷土資料について 2012 年 8 月〜11 月にかけて，盛岡大学図書館によりデジタル撮影および複製の製作が実施されました[3]。

陸前高田市での郷土資料の探索

岩手県立博物館での応急処置

写真提供：（公社）日本図書館協会

5.2 東京都立図書館での受け入れ [4]

その後も岩手県立図書館が中心となり代替の資料がないか，調査が行われました。地元で出版された資料の再入手については，地域全体が壊滅的な被害を被っているため，困難を極めました。最終的に，岩手県内の図書館に所蔵されておらず，再入手できなかった資料 51 点について，陸前高田市から，貴重な

資料であり「現物」を後世に伝えていきたいので本格修理をしたいとの意向が示されました。そこで，依頼を受けた東京都立図書館が協力することとなりました。

　2013年9月，東京都立中央図書館に51点の被災資料が到着します。2015年度末までの予定で修復を行っていましたが，2014年5月，震災直後に救出された指定文化財とその関連資料とは別に，貴重書庫にあった資料113点が関係者に救出されていたことが判明しました。これら113点の資料のうち，岩手県内図書館で所蔵されていない郷土資料83点も2014年8月に受け入れました。

5.3　書籍の修復

　受け入れた資料は，自費出版や発行部数が少ない資料で，ソフトカバーやホッチキス綴じのような簡単な製本がほとんどでした。これらは，応急処置として，乾燥・殺菌・汚れ落としが施されてはいましたが，汚水や海水で汚れており，金属のサビや異臭も発生していました。今後の利用に耐え，長期に保存していくためには，冊子を解体し，1枚ずつ洗浄と乾燥を行い，再製本する必要があると判断しました。

　作業するにあたっては，被災資料に付着しているカビや泥などを体内に吸い込まないよう手袋や作業着，高性能マスクを着用し，高性能（HEPA）フィルター付きの集塵機や空気清浄機などを使い，人体への健康被害を防ぎました[5)]。

(1)　確認・仕分け・撮影

　現地から送られてきたリストと資料を照合しながら書名や冊数を確認します。リストと合っていることが確認できたら，資料を破損の程度や補修の難易度によって仕分けします。この際，資料ごとに東京都立図書館で付与した資料番号や製本の種類（ソフトカバーやハードカバー等），紙の種類を短冊状の記録票に記入し，資料に挟み込みます。そして，修復前の状況を記録するため，写真撮影を行います。短冊状の記録票も資料と一緒に撮影すると後に写真を見ただけで資料番号等がわかるので便利です。資料の保管は，資料保管用として

いる冷凍庫に入れ，カビの発生を防ぎました。

短冊状の記録票
(一部)

資料保管用としている冷凍庫

(2) 解体

　1日で作業できる分量の資料を冷凍庫から取り出します。ページがめくれる程度まで室温で自然解凍したら，資料を解体し，紙1枚ずつにします。解体を行う前にはページ番号の記載があることを確認します。郷土資料の場合，ページ番号がない場合もあるので注意が必要です。記載がないときは，鉛筆でページ番号を記入し，順番がわからなくならないようにしておきます。

　ホッチキスで綴じている本は注意深くホッチキス針を除去します。資料を傷めないよう，ニッパー等でホッチキスの針を切りながら行う場合もあります。

　無線綴じは本の背の部分を接着剤で綴じてある資料です。まずは表紙を外し，数ページを束として持ち，背表紙の接着剤から剥がします。その後，1枚ずつのページにし，接着剤の滓を落

ホッチキス針を取り除く

無線綴じの解体

第5章　大規模災害の被災資料を救え！－陸前高田市立図書館郷土資料

としておきます[6]。

　糸綴じの資料も，表紙を外し，糸を切って紙1枚ずつにします。
　ページが固着している場合は，ヘラを使い剥がします。剥がれにくい場合は，少しの水分を与えると剥がれやすくなりますが，無理は禁物です。

(3)　固着した塗工紙の解体

　固着の程度はさまざまですが，固着がひどい場合は剥がすことがほぼできません。それは貼り付いた塗工層同士が一体化するためです[7]。今回の資料にも塗工紙が含まれる資料があり，固着していました。現状の技術ではきれいに剥がせませんが，将来，剥がせる技術が見つかる可能性もあるため，固着したままにしておくという選択肢もあります。そのため，陸前高田市立図書館に相談したところ，できる限り剥がしてほしいということになり，慎重に剥がすことを試みました。

軽く歪めて力を与えているところ

　まず，固着して板のようになったページの固まりを軽く歪めて力を与えます。表面で点状，線状に貼り付いている場合はこれで剥がれることがあります。また，ページの間にヘラなどを入れて軽くさぐってみます。くれぐれも無理をしないようにします。

　それでも剥がれない場合，もう一度

竹ヘラでページを剥がしているところ

53

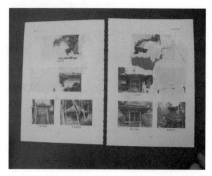
片ページに情報が貼りついた塗工紙の資料

水に入れます。そしてヘラや柔らかい筆でページの間をさぐります。固着の程度と水に濡れて紙自体が脆弱になるのとの加減を考えての作業になります。

きれいに剥がすことができた部分もありましたが，片ページに情報が貼り付いてしまうページもあり，塗工紙を救うことの難しさを痛感しました。

(4) ドライクリーニング

塵埃を取り除く

乾燥している状態で落とせる汚れを落とします。資料を解体すると綴じの部分などには塵埃がたくさん残っています。刷毛やスポンジたわし等で紙を傷つけないよう軽くこすり，クリーニングします。

(5) 消毒

消毒用エタノールを拭きつけ消毒する

被災資料は海水だけでなく，汚泥にも浸かりました。殺菌と作業者の安全のため，消毒用エタノールを全体にまんべんなく吹き付け消毒を行います。

(6) 洗浄[8]

1枚ずつにした紙を水で洗います。水で洗うことで，塩分や汚れを洗い流すことができ，臭いもほぼなくなります。

紙は濡れると破れやすくなるため，慎重に作業を行います。

まず，資料を不織布で1枚ずつ挟みます。必要に応じて，網戸のネットやメッシュのカゴも使います。水道水の入ったバットを3つ用意し，1つ目のバットに，不織布で挟んだ資料を数分間，浸します。数分後，2つ目のバットに資料を移し，資料の上の不織布を外し，刷毛で表面を優しくなでます。1つ目のバットで数分浸しておくと，ドライクリーニングでは硬くてとれなかった泥汚れが刷毛で簡単にとれることがあります。この際，ぬるま湯を使用するとより効果的です。刷毛でのクリーニングがすんだら，3つ目のバットに移し，数分浸します。どのバットも，水が汚れたら適宜取り替えます。数分後，3つ目のバットから資料を引き上げ，吸水マットで水を吸い取ります。

資料を浸しているところ

左のバット：資料を浸す前の水
右のバット：資料を浸した後の水

(7) 乾燥・フラットニング

濡れた紙はそのまま乾燥させると波打ちした状態になってしまいます (p.35, 36)。そこで，1枚ずつ厚手の中性紙ボードに挟み，重しをのせて乾燥させます。乾くまでこのままにしておきます。

重しをのせて乾燥させる

(8) 補修[9]

完全に乾いたら，ページの破れや欠損，カビで脆弱になってしまった部分の補修を行います。

ページが破れている場合，楮（こうぞ）からできた和紙（以下，楮紙という）と，でんぷん糊を用いて繕います。5～10g/㎡程度の楮紙を使います。

ページの欠損は，補修するページと同じくらいの厚みかやや薄い楮紙

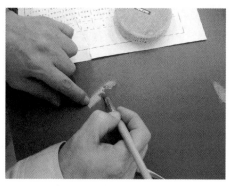

ページ破れの補修：楮紙に糊をつける

を使い，欠損と同じ大きさに楮紙をちぎり，でんぷん糊で貼ります。

カビが紙に生えてしまうと，紙の繊維が脆弱になり，手で触れられなくなることもあります（p.9）。この損傷は広範囲に及ぶことが多いため，脆弱なページ全体に楮紙を貼り，それ以上破損しないようにします。裏面が白紙の場合は楮紙（10g/㎡程度）を「裏打ち」し，文字のあるページの場合は極薄の楮紙（5g/㎡以下）を貼ります。多少，モヤがかかったようになることもありますが，文字が読めなくなることはありません。

裏打ち

極薄の楮紙

(9) 再製本 [9)]

　ページの補修が終わると，次は製本です。もとの製本が無線綴じやホッチキス綴じの資料は目打ちで綴じ穴をあけ，糸で平綴じします。基本は「三つ目綴じ」（図 5-1）ですが，本の大きさによっては「四つ目綴じ」とします。もとの製本が糸綴じの場合は同じように糸でかがります。

　中身が一体化したら次は見返しを貼ります。もとの見返しがしっかりしていて再利用できる場合は貼り戻しますが，劣化して再利用できない場合は，保存性を考慮した中性紙を見返しとして新たに使います。再利用できなかったもとの見返しは中性紙の封筒に入れて資料と一緒に保管しました。

　貼り付けた見返しが乾いたら，もとの表紙を貼り戻します。糊が乾くまで板に挟み，手締めプレスで押さえておきます。糊が完全に乾いたら完成です。

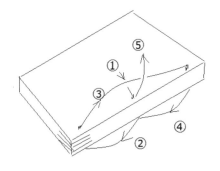

図 5-1　三つ目綴じ

①から順番に糸を通していき，最後に①と⑤の糸を堅結びします。

目打ちで綴じ穴をあける

板に挟み，手締めプレスで押さえる

5.4 書籍以外の修復

(1) 写真（ポケットアルバム）

2014年8月に受け入れた資料の中に，今はなき高田松原にあった文学碑などを撮影した写真241点とネガが入ったポケットアルバムがありました。

これらの写真は，まず1点ずつ撮影・デジタル化し，その後，ポケットアルバムから注意深く取り出しました。そして，冷水で洗浄します。写真画面の損傷がひどく，画像が溶けている部分は画像が流れ落ちてしまったため，それらの写真は，洗浄前に撮影したデータから再プリントを行うか，写真と一緒に入っていたネガに損傷が少ない場合は，ネガから再プリントしました。

なお，デジタル化，再プリントについては，日本図書館協会と国際マイクロ写真工業社にご協力をいただきました。

ポケットアルバムから資料を取り出す

左：画像が流れ落ちた写真
右：再プリントした写真

(2) コピー（複製）の資料

2014年8月に受け入れた資料には個人蔵と思われる古文書類をコピーした資料も多数ありました。一般にコピー資料の価値は低いのですが，大規模災害の場合，「原本」は消失している可能性が高く，貴重な資料といえます。

修復については，陸前高田市立図書館と相談した結果，そもそもがコピーであることもあり，「ドライクリーニング」(p.54)まで行い，その後の洗浄と補修はせず，中性紙でコピーを取り直して簡易な製本をしました。

第 5 章　大規模災害の被災資料を救え！－陸前高田市立図書館郷土資料

5.5　返還，その後

　最初に受け入れた 51 点は 2015 年 3 月に，次に受け入れた 83 点は 2017 年 3 月に，故郷，陸前高田市に戻りました。被災してから 1 年間，車庫に置かれていたこともあり，どの資料も傷みが激しく作業には細心の注意が必要でしたが，すべての資料が手にとって読めるようよみがえりました。

　2017 年 7 月 20 日，復興の第一歩として最初に建設されたショッピングセンターの中に新しい陸前高田市立図書館がオープンしました。図書館に設置された郷土・震災コーナーには，修復を終え，よみがえった郷土資料の一部が修復前の写真と一緒に展示されました[10]。これらの郷土資料は新しい図書館で陸前高田の人々の歴史・記憶を伝え，さらに震災を語り継ぐとともに，復興のシンボルのひとつとして，人々に勇気を与える「郷土の宝」かもしれないと思い，心打たれました。

修復前

修復後

陸前高田市立図書館での展示

（佐々木紫乃）

59

注

1) 岩手県立図書館「東北地方太平洋沖地震に係る岩手県内公立図書館等の被害概況」
https://www.library.pref.iwate.jp/0311jisin/lib-iwate.html
2) 赤沼英雄，鈴木まほろ編『安定化処理　大津波被災文化財保存修復技術連携プロジェクト（2015改訂版）』津波により被災した文化財の保存修復技術の構築と専門機関の連携に関するプロジェクト実行委員会　2015.12　p.54-56

澤口祐子「陸前高田市立図書館郷土資料救済支援について」『国立国会図書館月報』620　2012.11　p.11-13

岡橋明子「一歩ずつ，前に　被災資料救済支援の現場から」『国立国会図書館月報』620　2012.11　p.5-10
http://dl.ndl.go.jp/info:ndljp/pid/4001886/1

日本図書館協会「被災地支援リポート」
http://www.jla.or.jp/earthquake/tabid/431/Default.aspx

3) 盛岡大学図書館「陸前高田市立図書館所蔵郷土資料複製作業」
https://morioka-opac.limedio.ricoh.co.jp/drupal/?q=ja/digi
4) 眞野節雄「よみがえれ陸前高田の郷土資料－東京都立中央図書館の修復作業」『ネットワーク資料保存』111　2015.7　p.1-4
https://www.library.metro.tokyo.jp/guide/uploads/network111.pdf

東京都立図書館「陸前高田市立図書館　被災資料の修復」
https://www.library.metro.tokyo.jp/guide/about_us/collection_conservation/conservation/disaster/rikuzentakada/index.html

5) 東京文化財研究所　「＜重要＞被災文化財における人体への健康被害の可能性のあるカビの取扱い，および予防に関する注意点」
https://www.tobunken.go.jp/japanese/rescue/20120319.pdf
6) 東京都立図書館「無線綴じ本の補修（三つ目綴じ）」
https://www.library.metro.tokyo.jp/guide/uploads/15ab3.pdf
7) 小味浩之，手代木美穂「固着塗工紙境界面に関する保存科学的基礎研究－固着境界面のデンプン系バインダーの観察」『文化財保存修復学会第31回大会研究発表要旨集』2009　p.238-239
8) 国立公文書館「被災公文書等修復マニュアル」
http://www.archives.go.jp/about/activity/reconstruction/pdf/syuhukumanual.pdf

赤沼英雄，鈴木まほろ編『安定化処理　大津波被災文化財保存修復技術連携プロジェクト（2015改訂版）』津波により被災した文化財の保存修復技術の構築と専門機関の連携に関するプロジェクト実行委員会　2015.12　p.102-105

9) 東京都立図書館「資料保存のページ」
https://www.library.metro.tokyo.jp/guide/about_us/collection_conservation/conservation/

国立国会図書館「研修・保存フォーラム」
  https://www.ndl.go.jp/jp/preservation/cooperation/training_forum.html
10)　伊藤晶子「待ちに待った陸前高田市立図書館の開館」『カレントアウェアネス-E』
　　No.334　2017.10.05　http://current.ndl.go.jp/e1956

（URL 参照日は 2019 年 9 月 1 日）

第 6 章
困ったときの情報源・参考資料

6.1 困ったときの情報源

(1) 被災したとき

　上部機関等（例えば公立図書館であれば，県立図書館）へ連絡し，日本図書館協会にも連絡してください。
●日本図書館協会・図書館災害対策委員会
　　電話：03-3523-0811
　　電子メール：saigai@jla.or.jp
　　http://www.jla.or.jp/committees/tabid/600/Default.aspx

【さらに，資料救済について「助けを求める」とき】
●国立文化財機構・文化財防災ネットワーク
　　https://ch-drm.nich.go.jp/
●歴史資料ネットワーク（史料ネット）
　　http://siryo-net.jp/
● SaveMLAK（博物館・美術館，図書館，文書館，公民館の被災・救援情報）
　　https://savemlak.jp/

(2) 紙資料が水に濡れたとき
●東京都立図書館
　・被災・水濡れ資料の救済マニュアル（動画約 17 分）
　　https://www.youtube.com/watch?v=svCK-yQDyOs
　・水濡れ（水損）対応マニュアル

https://www.library.metro.tokyo.jp/guide/uploads/bousaisuison.pdf
- 別紙1. 被災資料救済セット
  https://www.library.metro.tokyo.jp/guide/uploads/bousai1set.pdf
- 別紙2. トリアージ・フロー図
  https://www.library.metro.tokyo.jp/guide/uploads/bousai2triage.pdf
- 別紙3. 自然空気乾燥法
  https://www.library.metro.tokyo.jp/guide/uploads/bousai3kansou.pdf
- 別紙4. 脱気（脱酸素）処理法
  https://www.library.metro.tokyo.jp/guide/uploads/bousai4.pdf

●国立国会図書館
- 水にぬれた資料を乾燥させる
  https://www.ndl.go.jp/jp/preservation/manual/manual_drying.html
- 小規模水災害対応マニュアル
  https://www.ndl.go.jp/jp/preservation/pdf/manual_flood.pdf

●国立公文書館
- 水濡れ資料の処置方法
  http://www.archives.go.jp/about/activity/reconstruction/pdf/110520_1.pdf
- 被災公文書等修復マニュアル
  http://www.archives.go.jp/about/activity/reconstruction/pdf/syuhukumanual.pdf

●全国歴史資料保存利用機関連絡協議会（全史料協）
- 文書館防災対策の手引き
  http://www.jsai.jp/file/bosaitebiki.html

●東京文書救援隊
活動は終了していますが，参考となるマニュアル類が掲載されています。
- 被災した文書の復旧処置システム・マニュアルなど
  http://toubunq.blogspot.com/search/label/%E5%87%A6%E7%BD%AE%E5%86%85%E5%AE%B9

●歴史資料ネットワーク（史料ネット）
- 資料の修復方法

http://siryo-net.jp/ 資料の修復方法 /

(3) 資料にカビが発生しているとき
●東京都立図書館
・カビが発生したら
https://www.library.metro.tokyo.jp/guide/uploads/15ac3.pdf
●国立国会図書館
・カビが発生した資料をクリーニングする
https://www.ndl.go.jp/jp/preservation/manual/manual_mold.html
●東京文化財研究所
・被災文化財における人体への健康被害の可能性のあるカビの取扱い，および予防に関する注意点
http://www.tobunken.go.jp/japanese/rescue/20120319.pdf
・被災文化財について殺菌燻蒸，およびその後のクリーニングを実施する場合の注意点
http://www.tobunken.go.jp/japanese/rescue/110706.pdf

(4) 写真が被害にあったとき
●一般社団法人日本写真学会
・水害被災写真の救済に関するガイドライン
http://www.tobunken.go.jp/~hozon/rescue/file16.pdf
●富士フイルム株式会社
・被害を受けた写真・アルバムに関する対処法
http://fujifilm.jp/support/fukkoshien/faq/index.html
●コダック合同会社
・写真プリントやフィルムが水濡れした時の救済について
http://wwwjp.kodak.com/JP/ja/corp/info110330.shtml
●広島県立文書館
・土砂災害で被災したアルバム・写真への対処法（手引き）

https://www.pref.hiroshima.lg.jp/soshiki_file/monjokan/hozonkanri/syashin.pdf

(5) フィルムなど視聴覚媒体（フィルム，テープ，ディスク）が被害にあったとき

●映画保存協会　災害対策部
　被災した映画フィルムやビデオテープといった動的映像資料の救済および防災に関する情報が掲載されています。
　http://filmpres.org/project/sos/

(6) デジタルデータが被害にあったとき

●「被災したデジタルデータの復旧や視聴覚資料の修復についての記事・情報のリンク集」カレントアウェアネスポータル　2011 年 4 月 18 日
　http://current.ndl.go.jp/node/18031

6.2　参考資料

(1) 資料防災

●ジョン・マッキンウェイン，マリー＝テレーズ・バーラモフ監修「IFLA 災害への準備と計画：簡略マニュアル」国立国会図書館訳　2010
　http://warp.da.ndl.go.jp/collections/NDL_WA_po_print/info:ndljp/pid/8678359/www.ndl.go.jp/jp/aboutus/preservation/pdf/NDL_WA_po_ifla_briefmanual.pdf

●東京都立図書館
・災害対策
　https://www.library.metro.tokyo.jp/guide/about_us/collection_conservation/conservation/disaster/index.html
・別紙 5. 被災記録票
　https://www.library.metro.tokyo.jp/guide/uploads/bousai5kiroku.pdf
・地震による資料落下，ガラス飛散対応マニュアル
　https://www.library.metro.tokyo.jp/guide/uploads/bousaihisan.pdf

●国立国会図書館
・資料防災
資料の被災時に役立つと思われるものを紹介しています。
https://www.ndl.go.jp/jp/preservation/collectioncare/disaster_p.html
●総務省
・震災関連　デジタルアーカイブ構築・運用のためのガイドライン
第2章に「被災資料の応急措置，修復，保存について」があります。
www.soumu.go.jp/main_content/000225069.pdf
●文化財防災ウィール
http://www.bunka.go.jp/earthquake/taio_hoho/pdf/jyoho_03.pdf
●眞野節雄「資料を守り，救い，そして残すために－東京都立図書館・資料保存の取組」『カレントアウェアネス』336　CA1926　2018　p.9-12
http://current.ndl.go.jp/ca1926
●正保五月「水損資料を救うために」『カレントアウェアネス』331　CA1891　2017　p.2-4
http://current.ndl.go.jp/ca1891
●サリー・ブキャナン著　安江明夫監修『図書館，文書館における災害対策』日本図書館協会　1998（シリーズ本を残す　7）
●日本図書館協会資料保存委員会編『災害と資料保存』日本図書館協会　1997
●日本図書館協会資料保存委員会「資料保存展示パネル　災害編」『ネットワーク資料保存』99　2011　p.9-13
●『みんなで考える図書館の地震対策』編集チーム編『みんなで考える図書館の地震対策』日本図書館協会　2012
●全国歴史資料保存利用機関連絡協議会資料保存委員会編『資料保存と防災対策』全国歴史資料保存利用機関連絡協議会資料保存委員会　2006
●動産文化財救出マニュアル編集委員会編『動産文化財救出マニュアル』クバプロ　2012

(2) 資料の修復

●東京都立図書館

・補修・修理のマニュアル・テキスト類

　https://www.library.metro.tokyo.jp/guide/about_us/collection_conservation/conservation/

●国立国会図書館

・研修・保存フォーラム

　簡易な補修や無線綴じ本をなおす等の研修テキストが掲載されています。

　https://www.ndl.go.jp/jp/preservation/cooperation/training_forum.html

●「防ぐ技術・治す技術－紙資料保存マニュアル」編集ワーキング・グループ編著『防ぐ技術・治す技術－紙資料保存マニュアル』日本図書館協会　2005

● RD3 プロジェクト著『被災写真救済の手引き』国書刊行会　2016

(3) 道具・材料

●日本図書館協会　資料保存委員会

・「資料保存に関する情報」に「補修に使用する道具・材料一覧（例）」を掲載しています。

　http://www.jla.or.jp/committees/hozon/tabid/96/Default.aspx

●「防ぐ技術・治す技術－紙資料保存マニュアル」編集ワーキング・グループ編著『防ぐ技術・治す技術－紙資料保存マニュアル』日本図書館協会　2005　p.94-97

（URL 参照日は 2019 年 9 月 1 日）

未来へ資料をつなぐ―あとがきにかえて

　「災害大国」とよばれる日本で，人の安全を確保するための防災マニュアルは作成され，訓練も行われているが，図書館において，資料を守り，救うためのマニュアルはあるだろうか？　訓練はしているだろうか？

　東日本大震災大津波での被災資料救済としては，文化庁が「文化財レスキュー」を直ちに立ち上げ，被災した岩手県陸前高田市立図書館の，かろうじて流出を免れた貴重書庫から県指定文化財「吉田家文書」と古文書は救済したものの他の資料は放置された。
　それでいいのだろうか？　図書館には「文化財」以外に，守り，救わなくてはならない資料は存在しないのであろうか？　図書館資料の価値は千差万別であり，何もすべてを救う必要はないことは本書でもたびたび述べたが，なかには「お宝」コレクションも多いし，例えば公立図書館であれば，どんな町でも，郷土資料という図書館が守り伝えていかねばならない資料もあったろうに。

　しかしその後，マスコミを含めて世間一般の人は，図書館が被災したと知ると，まず「本はどうなった！？」と心配するのに，当の図書館員は，資料を守り，救うという意識がそれほどでもなく，希薄ではないかということを，私はさまざまな場面で思うようになった。
　台風による豪雨のために貴重なコレクション数千冊が水没したとき，「助けて！」と声を上げたのは，図書館員ではなく，隣接する博物館の学芸員だった。また，あるところでは，後日になってたまたま新聞記事で郷土史料館を兼ねた図書館が被災していたことを知った。図書館員は「地域資料などそのときにしか手に入らないものまで水につかってしまい廃棄するしかない」と嘆いた……。同情はする。大規模被災で，自分たちには，お手上げの大変な状況だったろう。また，現代はヒューマニズムの時代であるから，人の安全が最優先で

未来へ資料をつなぐ―あとがきにかえて

ある。しかし、図書館にとって、「いのち」ともいえる資料はなかったのか？なぜ動かない、助けを求めない。なぜあきらめる。

　それもそのはずかもしれない。長らく日本の図書館では利用が重視され、保存はあまり重視しない傾向があった。保存と利用は相反するものと考えられ、そして利用を阻害してしまう保存はないがしろにされてきた。図書館情報学の専攻カリキュラムのなかに資料保存の科目は見られない。しかし、図書館の使命が「資料の利用を保証する」ことであれば、その「利用」は今現在だけでなく数百年後の利用でもあるかもしれないし、保存され引き継がれてきたからこそ今現在利用できる資料もある。しかも「利用」は自館だけでなく、地域や館主を越えてである。そうであれば、利用を保証するためには資料保存は不可欠であるはずなのに。

　東京都立中央図書館では、東日本大震災による津波被害にあった陸前高田市立図書館の郷土資料の修復を行った。市立図書館は津波により職員7人全員が犠牲となり、蔵書8万冊すべてが被災して、そのほとんどが流出した。第5章の冒頭に記した経緯によって引き受けることになったものである。

　郷土資料はその地域の人々の息づかいが聞こえてくる資料である。今回修復した資料も、学童の文集や郷土史家が編集した「津浪記念碑」など、昭和に出版されて「文化財」には決してならないようなものが大半であるが、どれも陸前高田を知るうえで貴重な資料であった。

　そして、ドロドロだった資料がだんだん再生していくのをみると、その資料を作った人の思いまでよみがえってくるようで、一冊一冊が本当にいとおしくて……そのとき、これは犠牲になった図書館員たちの「形見」だと初めて実感できた。

　「修復」に至るまでには道程がある。まず、資料を瓦礫・ゴミとして処分せずに拾い集めて残していた自衛隊員や消防隊員。そして、津波から1年間放置されてグチャグチャになった、誰の目にももはや再生はできないとみえた資料

の山を見て，郷土資料だけでも何とか救いたいと思った図書館員。発掘・救出作業を泣きながら行った図書館員。震災後の図書館をどうしたいか？と問われ，「郷土資料をもう一度集めます。陸前高田の歴史を残し，伝えていきたい」ときっぱり言った陸前高田の図書館員。

　震災津波で実に多くのものを失った。でも，だからこそ，見えてきたものがあった。それは，図書館の本来の使命，図書館員たちの思い，魂といっていいかもしれない……志である。公立図書館には，その地域の「記憶」を，時代を越えて残し伝えていく使命があったのだ。

　そして，震災から4年後に修復が終わって帰ってきた第1次資料のなかの手書きの貸出票に見覚えのある筆跡を見つけた陸前高田の図書館員はこうつぶやいた。「郷土の歴史だけでなく，亡くなった人たちの気持ちも形見として引き継ぐのが私たちの使命」。そうなのだ。形見は，資料だけではなく，資料をコツコツ収集し，残し，伝えようとしてきた図書館員の歴史でもあった。

　1945年，東京都立図書館では当時の日比谷図書館で，空襲による焼失から守るために，資料の大規模な「疎開」が行われた。また，予算措置を講じて貴重資料を購入し，調達したトラックで，荷車で，リュックで担いで，東京中が空襲のさなかに疎開させたのだ。いまそれらの資料を開くと，死に物狂いで資料を守ることに取り組んだ人々がいたからこそここに存在する資料に，そして先人たちの思いに，身の引き締まる思いがする。

　資料は自然に残るわけではない。ことに，資料が失われる危機に遭遇したとき，そのとき，資料は，残そうと思わなければ残らない。引き継がれてきて，これからも引き継いでいかねばならない，図書館の，図書館員の歴史となる資料を。あきらめない志。未来へ資料をつなぐ。図書館の使命をあらためて胸に刻む。

眞野節雄

執筆者

切坂　美子（きりさか　よしこ）：東京都立中央図書館資料修復専門員
佐々木紫乃（ささき　しの）：国立国会図書館（元東京都立中央図書館資料修復専門員）
眞野　節雄（しんの　せつお）：東京都立中央図書館資料保全専門員

私たちは，東日本大震災の津波による岩手県陸前高田市立図書館の被災郷土資料の修復と，東京都立図書館「資料防災マニュアル」の作成に取り組んだ，東京都立中央図書館の資料保全専門部署「資料保全室」の，当時の仲間です。

写真提供

東京都立図書館

視覚障害者その他活字のままではこの本を利用できない人のために，日本図書館協会及び著者に届け出る事を条件に音声訳（録音図書）及び拡大写本，電子図書（パソコンなど利用して読む図書）の製作を認めます。但し，営利を目的とする場合は除きます。

JLA Booklet no.6

水濡れから図書館資料を救おう！

2019 年 10 月 10 日　初版第 1 刷発行
2021 年 3 月 10 日　初版第 2 刷発行
定価：本体 1,000 円（税別）

編著者：眞野節雄
表紙デザイン：笠井亞子
発行者：公益社団法人　日本図書館協会
　　　　〒 104-0033　東京都中央区新川 1-11-14
　　　　Tel 03-3523-0811（代）Fax 03-3523-0841　www.jla.or.jp
印刷・製本：㈱丸井工文社

JLA202017　　ISBN978-4-8204-1907-5　　　　　　　　　　Printed in Japan
本文用紙は中性紙を使用しています